LES CHIENS NOUS PARLENT

Données de catalogage avant publication (Canada)

Fennell, Jan
    Les chiens nous parlent: décodez le langage de votre compagnon

    (Des animaux et des hommes)
    Traduction de: The dog listener.

    1. Chiens - Dressage.   2. Chiens - Psychologie.   3. Communication avec les animaux.
    I. Titre.   II. Collection.

SF431.F4614   2002   636.7'0887   C2001-941840-X

DISTRIBUTEURS EXCLUSIFS:

- Pour le Canada
  et les États-Unis:
  MESSAGERIES ADP*
  955, rue Amherst
  Montréal, Québec
  H2L 3K4
  Tél.: (514) 523-1182
  Télécopieur: (514) 939-0406
  * Filiale de Sogides ltée

- Pour la France et les autres pays:
  VIVENDI UNIVERSAL PUBLISHING SERVICES
  Immeuble Paryseine, 3, Allée de la Seine
  94854 Ivry Cedex
  Tél.: 01 49 59 11 89/91
  Télécopieur: 01 49 59 11 96
  Commandes: Tél.: 02 38 32 71 00
                  Télécopieur: 02 38 32 71 28

- Pour la Suisse:
  VIVENDI UNIVERSAL PUBLISHING SERVICES SUISSE
  Case postale 69 - 1701 Fribourg - Suisse
  Tél.: (41-26) 460-80-60
  Télécopieur: (41-26) 460-80-68
  Internet: www.havas.ch
  Email: office@havas.ch
  DISTRIBUTION: OLF SA
  Z.I. 3, Corminbœuf
  Case postale 1061
  CH-1701 FRIBOURG
  Commandes: Tél.: (41-26) 467-53-33
                Télécopieur: (41-26) 467-54-66

- Pour la Belgique et le Luxembourg:
  VIVENDI UNIVERSAL PUBLISHING SERVICES BENELUX
  Boulevard de l'Europe 117
  B-1301 Wavre
  Tél.: (010) 42-03-20
  Télécopieur: (010) 41-20-24
  http://www.vups.be
  Email: info@vups.be

L'ouvrage original américain a été publié
par HarperCollins*Publishers*
sous le titre *The Dog Listener*

Dépôt légal: 1er trimestre 2002
Bibliothèque nationale du Québec

ISBN 2-8904-4705-7

Pour en savoir davantage sur nos publications,
visitez notre site: **www.edjour.com**
Autres sites à visiter: www.edhomme.com • www.edtypo.com
www.edvlb.com • www.edhexagone.com • www.edutilis.com

L'Éditeur bénéficie du soutien de la Société de
développement des entreprises culturelles du Québec
pour son programme d'édition.

Nous reconnaissons l'aide financière du gouvernement du
Canada par l'entremise du Programme d'aide au
développement de l'industrie de l'édition (PADIÉ) pour
nos activités d'édition.

Jan Fennell

LES CHIENS NOUS PARLENT
Décodez le langage de votre compagnon

*Traduit de l'anglais
par Normand Paiement*

le jour,
éditeur

À mon fils Tony

Avertissement

Veuillez noter que ma méthode de dressage ne peut en aucun cas transformer un chien agressif en animal inoffensif. L'homme crée parfois des races au tempérament belliqueux et il est impossible de modifier le caractère de ces animaux féroces de nature. Les conseils qui suivent peuvent toutefois aider leurs maîtres à éviter de réveiller leurs instincts combatifs. Restez néanmoins sur vos gardes lorsque vous avez affaire à de tels chiens.

Préface

Les chiens ont toujours joué un grand rôle dans ma vie. Au fil des ans, ma femme et moi avons eu plusieurs chiens que nous avons toujours considérés comme d'affectueux compagnons et comme membres à part entière de notre famille. J'ai toutefois consacré ma vie professionnelle à un autre animal tout aussi extraordinaire. En effet, la méthode que j'ai mise au point pour communiquer avec les chevaux – et que j'ai souvent été amené à défendre avec acharnement – m'a pour ainsi dire accaparé sans discontinuer.

Pendant tout ce temps, les cynophiles n'ont cessé, eux, de manifester un intérêt certain pour mes idées. Où que je me retrouve, mes démonstrations attirent invariablement quatre fois plus de personnes qui possèdent ou qui dressent des chiens que de dresseurs de chevaux. Celles-ci ne tarissent généralement pas d'éloges à l'égard de ma méthode de dressage.

Si c'était à recommencer, je serais fortement tenté d'adapter mes idées à la race canine. Hélas! je manque déjà de temps pour améliorer ma compréhension des chevaux et la faire partager à mon entourage. Aussi est-ce avec joie que j'ai fait la connaissance, voilà quelques années, d'une femme talentueuse qui s'est inspirée de ma méthode pour l'appliquer au dressage des chiens.

Lorsque j'ai eu vent du travail accompli par Jan Fennell, j'ai été tout simplement enchanté. J'ai par la suite eu le bonheur de la rencontrer et de l'entendre évoquer, à travers le récit de ses expériences, une bonne partie de ce que j'avais moi-même vécu à mes débuts. Tout comme moi, Jan estime en effet que les hommes traitent souvent de manière injuste un animal qu'ils ont la prétention de considérer comme leur meilleur ami. Elle est aussi fermement convaincue que toute forme de violence devrait être exclue de nos rapports avec les animaux. Enfin, elle rêve également d'un monde où toutes les espèces vivraient en harmonie les unes avec les autres.

Comme ce fut le cas pour moi, Jan a mis du temps à raconter son histoire. Il m'a en effet fallu des années avant d'écrire mon premier livre, *The Man Who Listens to Horses* [L'homme qui comprend le langage des chevaux]*. Jan a attendu avec la même circonspection avant de mettre ses idées par écrit. Aujourd'hui, forte de sa longue expérience avec les chiens, elle est à même d'en partager les fruits avec un public élargi.

Je lui souhaite tous mes vœux de succès. Certains esprits mal-intentionnés ne manqueront assurément pas de contester sa

---

* Le célèbre film *The Horse Whisperer* [*L'homme qui murmurait à l'oreille des chevaux*], réalisé par Robert Redford, s'inspire de la méthode de Monty Roberts. (*N.D.T.*)

méthode. S'il y a une chose que j'ai apprise avec le temps, c'est que l'attitude négative des hommes ne connaît pour ainsi dire pas de limites. Aussi importe-t-il de se rappeler qu'il existe dans le règne animal une source de bonté inépuisable qui compense amplement la mauvaise volonté de l'homme. Sans compter que, pour chaque être malveillant, il existe des centaines de personnes qui ne demandent qu'à apprendre comment traiter avec plus d'égards le meilleur ami de l'homme.

J'ose croire que j'ai réussi, en restant fidèle à mes principes, à faire de ce monde un monde meilleur pour la race chevaline et, je l'espère, pour l'espèce humaine également. De même, j'ose espérer que ce livre aura un effet similaire en ce qui concerne un autre animal tout aussi cher à mon cœur : le chien.

MONTY ROBERTS

Introduction

Je suis persuadée qu'on peut apprendre de ses erreurs. J'ai d'autant plus de raisons d'y croire que j'ai moi-même commis plus que ma part de bévues dans mes rapports avec les autres aussi bien qu'avec les chiens. De toutes les leçons que ces derniers m'ont apprises, la plus pénible fut celle que j'ai reçue au cours de l'hiver 1972. Il me semble d'autant plus approprié de débuter par le récit du décès tragique de Purdey que l'histoire de ce chien est inextricablement liée à la mienne, comme le lecteur pourra s'en rendre compte.

À cette époque, j'étais mariée et mère de deux jeunes enfants, ma fille Ellie, née en février de cette même année, et mon fils Tony, alors âgé de deux ans et demi. Ma famille et moi vivions à Londres, mais nous avions décidé de nous établir à la campagne, dans un petit village du centre de l'Angleterre. Comme beaucoup de gens attirés par la perspective de vivre en milieu rural, nous rêvions de longues promenades au grand air, aux côtés d'un animal de compagnie. Mais, au lieu d'opter pour un chiot, nous avons décidé d'adopter un chien abandonné. L'idée de donner un foyer à un animal qui avait connu un sort peu enviable nous séduisait. Aussitôt débarqués à la S.P.A., nous avons craqué pour une mignonne petite chienne de six mois, à la robe blanche et noire, née du croisement entre un border collie et un whippet. Nous l'avons ramenée avec nous et lui avons donné le nom de Purdey.

Je n'en étais pas à mon premier chien. J'avais treize ans lorsque mon père m'a fait cadeau de Shane, un magnifique border collie à la robe tricolore. J'ai toujours éprouvé de l'affection pour les chiens ; encore gamine, j'en possédais même un en imagination auquel j'avais donné le nom de Lady. Je me souviens même que ma grand-mère se prêtait à mon jeu en adressant la parole à mon compagnon imaginaire. Je voyais alors les chiens – et je n'ai pas changé d'avis depuis – comme des êtres capables d'un amour inconditionnel et d'une fidélité absolue, ce qui est rarement le cas des êtres humains. La venue de Shane ne fit que confirmer mon sentiment à l'égard de ces animaux.

Je dressai Shane en compagnie de mon père, suivant une technique que celui-ci utilisait depuis son tout jeune âge. Père était un homme doux, mais il tenait mordicus à ce que l'animal agisse selon nos désirs. Si Shane désobéissait, il recevait une tape sur le museau ou une claque sur le postérieur. Mais il m'arrivait aussi de recevoir une claque sur les fesses et je n'y voyais donc aucun inconvénient, d'autant que Shane était un animal extrêmement intelligent qui semblait comprendre très vite ce que nous attendions de lui. Je me rappelle encore à quel point j'étais fière de prendre le bus avec lui pour l'emmener balader. Même sans laisse, Shane se tenait assis tranquille à mes côtés. C'était un chien formidable !

On ne modifie pas une formule gagnante, comme on dit. J'ai donc décidé d'agir avec Purdey comme je l'avais fait précédemment avec Shane : tout en lui enseignant à distinguer entre ce qui est bien et ce qui est mal, je lui prodiguais toute mon affection, sans craindre pour autant d'employer la force au besoin.

A priori, cette méthode sembla avoir sur Purdey l'effet escompté. Le comportement de l'animal était satisfaisant et celui-ci s'adapta sans peine à sa nouvelle famille. Les problèmes ont commencé lorsque, en septembre de cette année-là, nous avons déménagé à la campagne. Le contraste entre Londres, ville surpeuplée et bruyante s'il en est, et notre nouvel environnement n'aurait pu être plus frappant. Nous vivions désormais dans un coin perdu au milieu de la nature. Notre rue ne comportait aucun réverbère, notre hameau n'était desservi par les transports en commun que deux fois par semaine et six kilomètres nous séparaient du commerce le plus proche. Je n'étais encore qu'une gamine de trois ans lorsque mes parents m'avaient emmenée à la mer pour la première fois. À peine l'avais-je entrevue du regard que j'avais aussitôt tourné les talons et couru en direction de la colline d'où nous étions venus. Je ne pouvais supporter la vue de toute cette étendue d'eau et je suis convaincue que, s'il avait pu le faire, Purdey nous aurait dit qu'il éprouvait la même impression de désarroi en arrivant dans sa nouvelle demeure. Le vaste territoire qui s'offrait à lui était plus qu'il n'en pouvait supporter.

Peu après nous être installés, Purdey commença à se comporter d'une manière qui me parut certes étrange, mais pas au point de m'inquiéter. Il prenait la fuite et disparaissait pendant des heures, puis réapparaissait après s'être visiblement bien amusé.

Il était devenu très agité et la moindre chose, le moindre bruit semblait l'énerver au plus haut point. Il me suivait partout, ce qui ne manquait pas d'être embêtant chaque fois que je devais m'occuper des enfants. Je détestais le voir rôder ainsi dans les champs. Il est de la responsabilité de chaque maître de s'assurer que son animal ne cause aucun dommage à autrui. Mais je décidai que, puisque j'avais choisi de prendre ce chien avec moi, j'allais le garder. Il était de mon devoir de l'aider à se calmer les esprits et j'espérais bien y parvenir. Hélas ! j'ai été vite dépassée par les événements.

J'ai soupçonné pour la première fois que quelque chose ne tournait pas rond le jour où un fermier des environs vint me trouver et me fit savoir en termes on ne peut plus clairs qu'il n'hésiterait pas à canarder mon chien si je ne parvenais pas à l'empêcher de vagabonder. J'étais atterrée à cette idée, mais, comme le brave homme possédait du bétail, je comprenais sa réaction devant le fait que Purdey harcelait ses bêtes en leur tournant autour. Nous l'avons donc enfermé dans notre vaste jardin de soixante mètres de longueur et avons fixé à son collier une longe que nous avons ensuite attachée à la corde à linge, lui interdisant ainsi de s'évanouir dans la nature. Mais c'était insuffisant pour l'empêcher de se sauver chaque fois que l'occasion s'en présentait.

Les choses se sont gâtées par un froid matin d'hiver, peu avant Noël. J'étais descendue au rez-de-chaussée avec les enfants et je m'affairais aux habituels préparatifs de la journée. Purdey s'agitait dans tous les sens comme à son habitude. Je me souviens qu'Ellie se traînait par terre pendant que Tony tentait de m'aider à trier une pile de vêtements que j'avais laissée dans le salon. Je me rendais dans la cuisine pour y récupérer leurs biberons quand j'ai entendu un bruit de vitre fracassée. Le chien s'était jeté sur Tony et l'avait projeté à travers un des carreaux de la porte coulissante. Le parquet du salon était couvert d'éclats de verre. La scène qui a alors suivi s'est déroulée comme au ralenti. L'air stupéfait, Tony semblait figé sur place cependant que le sang ruisselait sur son visage. Je me suis alors précipitée vers lui, je l'ai soulevé de terre et j'ai pris une serviette absorbante propre qui se trouvait sur une pile de vêtements. Ayant suivi des cours de secourisme, je songeai aussitôt à vérifier si quelque éclat de verre ne s'était pas logé dans sa chair. Soulagée de constater qu'il n'en était rien, j'appliquai aussitôt avec toute la force nécessaire la serviette contre son visage ensanglanté, dans l'espoir de stopper l'hémorragie. Je le berçai ensuite dans mes bras et me dirigeai alors vers Ellie qui, par miracle, était restée assise sans bouger au milieu de tous ces débris de verre. Je l'ai ramassée à son tour de mon bras libre et là, à genoux, j'ai appelé à l'aide. Pendant tout ce temps, Purdey continuait de courir comme un fou, aboyant et sautant dans les airs comme si tout cela n'était qu'une vaste plaisanterie.

Le genre de cauchemar qu'appréhende toute mère de famille était devenu réalité. Lorsque les secours sont enfin arrivés, parents et amis ont exprimé avec une belle unanimité l'opinion que Tony avait subi de vilaines blessures qui le marqueraient à vie et que Purdey était un vilain chien. Mais comme je me sentais responsable de lui, j'ai décidé de lui donner une dernière chance. Il lui arrivait encore de commettre des gaffes à l'occasion mais, du moins au cours des premiers mois qui ont suivi cet incident, la situation fut relativement calme.

Par un beau matin de février, à quelques jours du premier anniversaire d'Ellie, j'étais dans une autre pièce alors que la petite s'amusait par terre avec ses jouets, sous la surveillance de ma mère. Dès l'instant où j'ai entendu cette dernière pousser un cri, j'ai su que quelque chose de grave se passait. Lorsque j'arrivai précipitamment dans le salon, maman s'est exclamée : « Le chien a mordu Ellie. La petite n'a pourtant rien fait de mal. Ton chien a perdu la boule. » Je n'en croyais pas mes oreilles. Mais lorsque j'ai aperçu la vilaine entaille qu'avait Ellie au-dessus de l'œil droit, j'ai dû me rendre à l'évidence. Les idées se bousculaient dans ma tête. Qu'est-ce qui pouvait expliquer un tel comportement ? Qu'est-ce qu'Ellie avait bien pu faire pour s'attirer les foudres de Purdey ? Quelle faute avais-je commise en le dressant ? Mais l'heure n'était plus aux questions.

Dès qu'il apprit la nouvelle, mon père vint me trouver. Je n'étais encore qu'une gamine lorsque je l'avais entendu dire qu'un de ses chiens préférés, un briard nommé Gyp, avait soudain « perdu la boule ». Ma grand-mère avait tenté de le chasser du canapé où il se prélassait et il avait essayé de la mordre. Dans la tête de mon grand-père, un animal capable de mordre la main qui le nourrit ne méritait pas de vivre ; on avait donc fait euthanasier Gyp. Mon père n'a pas eu à me faire de dessin. « Tu sais ce qu'il te reste à faire, ma fille, me fit-il à regret. On ne ramène pas à la raison un chien fou, alors ne perds pas de temps et agis. » Ce soir-là, en rentrant de son travail, mon mari me demanda : « Où est passé le chien ? » « Il est mort, lui répondis-je. Je l'ai emmené chez le vétérinaire cet après-midi et je l'ai fait piquer. »

Pendant très longtemps, une partie de moi a persisté à croire que j'avais dressé Purdey correctement. J'éprouvais néanmoins le sentiment obscur que je l'avais abandonné à son sort et que tout était de ma faute et non de la sienne. C'est aussi l'impression que j'ai ressentie au moment où je l'ai remise aux mains du vétérinaire. Il a fallu près de vingt ans avant que mes soupçons se confirment. Je sais aujourd'hui que le comportement de Purdey était dû à mon incapacité à comprendre ce chien, à communiquer avec lui et à lui faire savoir ce que j'attendais de lui. Pour dire les choses simplement, elle faisait partie de la race canine et je l'avais traitée comme un être humain, en utilisant un langage qui n'était pas le sien.

Au cours des dix dernières années, j'ai appris le langage des chiens et j'ai appris à être à leur écoute. Plus j'ai approfondi mes connaissances à ce sujet, mieux j'ai été en mesure de communiquer avec eux et de les aider, eux et leurs maîtres, à surmonter leurs difficultés temporaires. À plusieurs reprises, mes interventions ont permis de sauver des chiens promis à une mort certaine du fait de leur comportement en apparence aberrant. Chaque fois que j'ai pu ainsi faire en sorte que la vie d'un animal soit épargnée, j'en ai éprouvé un immense bonheur. Je dois toutefois avouer que ma joie est quelque peu atténuée dans la mesure où je n'ai pas su apprendre ces leçons à temps pour sauver Purdey.

Mon objectif est de transmettre, à travers ce livre, les connaissances que j'ai acquises au fil des ans. J'y explique comment je suis arrivée aux résultats actuels et j'y expose ma méthode de dressage. À la seule condition de vous consacrer à son étude avec tout le sérieux voulu, vous pourrez, vous aussi, apprendre langage des chiens. Toutefois, si vous faites les choses à moitié, vous ne réussirez qu'à semer la confusion dans votre esprit et dans celui de l'animal avec lequel vous tenterez de communiquer. Mais, si vous étudiez bien vos leçons, vous pouvez être assuré de récolter le fruit de vos efforts : en plus de collaborer avec vous, votre chien saura vous remercier en vous gratifiant de sa fidélité et de son amour inconditionnels.

Chapitre 1

....

Le langage perdu

Chien est comme lion dans sa tanière.
— PROVERBE PERSE

L'humanité a perdu maints secrets au cours de son histoire. C'est ainsi que l'homme moderne ignore quelle est la vraie nature de ses rapports avec la race canine. Pourtant, comme des millions de gens, j'ai toujours eu le sentiment qu'il existe une étonnante affinité entre nos deux espèces. Cette impression va bien au-delà de l'admiration que l'on peut éprouver pour l'allure sportive, l'intelligence et la beauté de cet animal. Quelque chose d'intangible, un lien particulier nous unit, et ce sans doute depuis les débuts de l'humanité.

Presque toute ma vie, j'ai eu d'instinct cette conviction, qui relève en quelque sorte d'un acte de foi profond. Or, d'étonnantes découvertes scientifiques sont venues il y a peu confirmer non seulement que le chien est le meilleur ami de l'homme, mais aussi qu'il a été son premier compagnon de route.

Si j'en crois mes plus récentes lectures à ce sujet, l'histoire des rapports entre nos deux espèces remonte à quelque 100 000 ans avant notre ère. L'homme moderne ou *Homo sapiens* se serait alors distingué de son ancêtre néanderthalien, apparu plus tôt en Afrique et au Moyen-Orient. C'est aussi vers cette époque que le chien, ou *Canis familiaris*, se serait démarqué de son ancêtre le loup, *Canis lupus*. Il semble que ces deux événements soient liés dans la mesure où ils découleraient des premières tentatives de l'homme en vue de domestiquer les animaux. Certes, nos ancêtres ont aussi fait de la vache, du mouton, de la chèvre et du porc des animaux domestiques. Néanmoins, le chien reste la première conquête de l'homme, et de loin la plus réussie de ses tentatives d'étendre son cercle familial.

Certains indices donnent manifestement à penser que nos ancêtres accordaient à leurs chiens plus de valeur qu'à tout le reste, ou peu s'en faut. Ainsi, j'ai pu voir récemment un documentaire émouvant sur les découvertes faites sur le site archéologique d'Ein Mallah, au nord d'Israël. On a trouvé sur cette terre ingrate et brûlée par le soleil les ossements vieux de 12 000 ans d'un jeune chien logé au creux de la main gauche d'un squelette humain datant de la même époque. Visiblement, tous deux avaient été enterrés en même temps. On en garde la nette impression que cet homme avait émis le vœu de partager sa dernière demeure avec son animal favori. Des découvertes similaires, remontant à 8 500 ans av. J.-C., ont également été faites sur le site Koster, en Illinois, aux États-Unis.

Les travaux réalisés par certains sociologues au Pérou et au Paraguay tendent à renforcer cette idée qu'il y a quelque chose d'unique dans les rapports entre les hommes et les chiens. Même de nos jours, il n'est pas rare d'y voir certaines femmes élever des chiots devenus orphelins. Elles les allaitent jusqu'à ce que ceux-ci soient en mesure de marcher. On ignore à quand remonte cette tradition. On ne peut que spéculer sur la vivacité des liens qui unissaient les ancêtres de ces peuples à leurs animaux de compagnie.

Je reste persuadée que nous sommes encore loin d'avoir tout découvert et d'avoir tout compris à ce sujet. Néanmoins, au vu de nos connaissances actuelles, nous ne devrions plus nous étonner de constater à quel point a toujours été grande la complicité entre nos deux espèces. La réalité étant que les multiples affinités entre ces deux branches du règne animal en ont fait des alliés naturels.

De nombreuses études réalisées dans ce domaine démontrent que l'ancêtre du chien et l'homme des cavernes avaient en commun les mêmes besoins et le même type d'organisation sociale. En d'autres termes, tous deux étaient des prédateurs et vivaient en tribus ou en bandes hiérarchisées. Une des plus importantes similitudes entre les deux espèces reste cependant leur égoïsme latent. Quelle que soit la situation, le chien – tout comme l'homme – réagit en pensant d'abord à son intérêt personnel. On imagine donc sans peine à quel point la relation qui s'est établie entre les deux leur a mutuellement profité tout au long de l'histoire.

À mesure que l'homme a gagné la confiance du loup primitif, ce dernier a progressivement pris place à ses côtés. Une fois inséré dans son nouvel environnement, l'animal a pu accéder à des instruments et à des techniques de chasse de plus en plus perfectionnés, tels les pièges et les lances. La nuit tombée, il pouvait se réchauffer auprès d'un bon feu et bénéficier des restes laissés par l'homme. Il ne faut donc pas s'étonner qu'il ait fini par se laisser apprivoiser si facilement. En domestiquant le loup, l'homme a quant à lui pu s'assurer les services d'un animal de compagnie à l'instinct hors du commun. Grâce à son nez proéminent, l'homme de Néanderthal avait un odorat très développé ; privés d'un tel sens, ses descendants ont eu tôt fait de comprendre quelle pouvait être l'utilité du loup domestique au moment d'aller chasser. C'est ainsi que le chien est devenu un élément intrinsèque du dispositif de chasse de l'homme : il pouvait lever le gibier, l'isoler de ses semblables et, au besoin, le mettre à mort. Sans compter que le chien servait à l'homme de compagnon et de gardien une fois qu'ils étaient de retour au campement.

D'instinct, les deux espèces s'entendaient à merveille. Chacune menait certes une vie distincte au milieu de ses congénères, mais tant l'homme que le loup domestique savaient que leur survie dépendait de la suite harmonieuse de leurs rapports. Chacun des partenaires connaissait son rôle au sein de cette alliance, et chacun s'appliquait à le jouer adéquatement. Il était donc tout naturel que les mêmes règles de conduite s'appliquent au sein de cette famille élargie. Pendant que l'espèce humaine se spécialisait dans la récupération des matières combustibles, la cueillette des fruits, les réparations domestiques et la cuisson des aliments, la race canine avait comme fonction principale d'accompagner les hommes à la chasse et de devenir une extension de leurs yeux et de leurs oreilles. Au camp, le chien jouait un rôle similaire en constituant une première ligne de défense chargée de repousser tout agresseur et de signaler l'arrivée imminente d'ennemis éventuels. L'homme et son compagnon étaient parvenus à un degré de compréhension mutuelle sans précédent, mais ce lien s'est malheureusement brisé au fil des siècles.

Il est relativement facile de voir ce qui a mené les deux espèces à suivre des routes divergentes. Au cours des siècles qui ont vu l'homme devenir l'espèce dominante de notre planète, celui-ci a obligé le chien – et bon nombre d'autres espèces animales – à se plier aux règles en vigueur dans la société. L'homme s'est vite aperçu qu'il pouvait modifier et améliorer la race canine, voire doter certains chiens d'aptitudes particulières par le biais de croisements sélectifs. Ainsi, dès l'an 7 000 av. J.-C., en Mésopotamie, un habitant du Croissant fertile avait déjà remarqué les étonnantes capacités de prédateur du loup du désert d'Arabie, plus léger et plus rapide que son cousin des pays septentrionaux. Avec le temps, cette variété de loup s'est transformée en un chien capable de poursuivre et d'attraper ses proies en dépit de la rudesse du climat et, ce qui est encore plus important, de le faire sur ordre de l'homme devenu son maître. Connu sous le nom de saluki, de lévrier persan ou de chien-gazelle, cet animal n'a pas changé d'aspect depuis et pourrait bien constituer le premier chien de race pure qui ait jamais existé. Ce ne fut pas le dernier pour autant. C'est dans l'Égypte antique que le chien du pharaon est devenu, à force de croisements sélectifs, une race particulièrement apte à la chasse. En Russie, le barzoï ou lévrier à poil long a été spéciale-ment conçu pour la chasse à l'ours. En Polynésie et en Amérique centrale, certains peuples élevaient même des chiens pour leurs propriétés culinaires.

Ce long processus s'est poursuivi pendant des siècles, facilité en cela par la docilité avec laquelle le chien a permis à l'homme de laisser son « empreinte » sur la race canine. Même en Angleterre, l'aristocratie terrienne, forte de ses traditions, n'a pas manqué de créer sur mesure une série de chiens aptes à jouer des rôles pré-cis lors des expéditions de chasse. Dans un domaine typique du XIXe siècle, une meute incluait un springer capable de traquer ou lever le gibier, un pointer ou un setter apte à repérer le gibier à plumes et un retriever propre à rapporter à son maître l'animal que celui-ci venait d'abattre.

Dans d'autres pays, on a même engendré des races qui ont contribué à renforcer les liens de toujours entre l'homme et le chien. L'exemple le plus patent en est certes le chien d'aveugle. Vers la fin de la Première Guerre mondiale, un médecin qui soignait des blessés dans une maison de repos se trouvant à Potsdam, en Allemagne, remarqua par hasard que son berger allemand s'inter-posait spontanément entre les soldats ayant perdu la vue et la cage d'escalier dont certains avaient tendance à s'approcher de trop près. Le médecin soupçonna l'animal de chercher à les protéger du dan-ger. Il se mit dès lors à dresser ses chiens de manière à ce qu'ils utilisent leur habileté naturelle aux fins d'aider les personnes ne disposant plus de leur faculté visuelle. Ces premières expériences ont conduit à la naissance du chien d'aveugle. Voilà sans doute ce qui nous rappelle le plus directement cette époque reculée où nos deux espèces vivaient en symbiose l'une avec l'autre. Le chien suppléait de nouveau un sens qui s'était atrophié chez l'homme. Ce n'est là malheureusement qu'un trop rare exemple de collaboration moderne entre l'espèce humaine et la race canine.

Selon moi, les rapports entre les deux se sont considérablement altérés depuis, le plus souvent au détriment du chien. Nos compagnons de survie de jadis ne sont désormais que de simples accessoires. Les chiens dits d'agrément ou de compagnie en sont la meilleure illustration. Ces races miniatures ont sans doute vu le jour dans des temples bouddhistes de l'Himalaya. Des moines auraient procédé au croisement sélectif de robustes épagneuls tibétains jusqu'à en faire des animaux de taille de plus en plus réduite. Ils les auraient ensuite dressés à sauter sur leurs genoux et à rester emmitouflés sous leurs soutanes, où la chaleur de l'animal les aidait à supporter le froid.

Au temps de Charles II, la même idée s'est répandue en Angleterre ; c'est ainsi que l'épagneul nain est né du croisement de setters de taille de plus en plus réduite. Les riches maîtres de ces minuscules chiens de chasse en vinrent à dorloter ces derniers et à les croiser avec leurs cousins asiatiques. De nos jours encore, la face camuse du king-charles, un petit épagneul à poils longs, en dit long sur ses origines ! Il s'agit à mes yeux d'une époque charnière dans l'histoire des rapports entre l'homme et son meilleur ami. Si l'attitude du chien à l'égard de son maître demeurait inchangée, le regard que l'homme portait sur son compagnon de toujours s'est radicalement transformé, lui. Exception faite de sa fonction décorative, l'animal n'était plus d'aucune autre utilité. Voilà qui augurait plutôt mal pour la suite des événements.

Il reste de nos jours très peu de choses de la complicité qui existait jadis entre l'homme et son chien. On songe bien sûr aux chiens de chasse, aux chiens policiers et aux chiens de berger, ainsi qu'aux chiens d'aveugle déjà évoqués. Mais ce sont autant d'exceptions qui confirment la règle. Notre culture, notre société n'a plus guère de considération pour cet animal. L'ancienne alliance fait désormais partie de l'histoire. La familiarité a engendré le mépris, avec comme conséquence que la clé de la compréhension mutuelle qui caractérisait les rapports entre l'homme et son chien a été perdue.

Encore une fois, il n'est pas difficile de comprendre pourquoi les ponts ont été rompus : les petits groupes d'humains qui vivaient au début de notre histoire ont fini par être remplacés par une société homogène de taille incommensurable qui a aujourd'hui pour nom village planétaire. Nous sommes devenus les citoyens anonymes de gigantesques mégalopoles dans lesquelles cohabitent des individus qui ne se connaissent pas ou qui feignent de s'ignorer. Est-il besoin de préciser que, puisque nous sommes parvenus à dissocier nos vies de celle de nos contemporains, nous nous sommes à plus forte raison complètement coupés de la race canine ? Ayant appris à nous adapter aux circonstances, nous avons présumé que nos animaux de compagnie sauraient en faire autant. En réalité, il n'en est rien. L'idée que l'homme se fait de la place du chien à ses côtés et la compréhension qu'a ce dernier de son rôle sont diamétralement opposées. Nous attendons du chien qu'il se comporte selon nos critères et obéisse à des règles que nous ne songerions en aucune façon à imposer à un autre animal domestique, comme la vache ou le mouton. Même le chat a la permission de se gratter ! Il n'y a qu'au chien qu'on interdise de faire ce qui lui plaît…

Il est paradoxal – et à mes yeux tragique – de voir que la seule espèce, parmi le million et demi d'espèces que compte cette planète, assez intelligente pour apprécier la beauté des autres êtres vivants soit incapable d'accepter le chien tel qu'il est. Avec comme conséquence que le lien privilégié qui unissait l'homme à son meilleur ami d'autrefois s'est entièrement brisé. Faut-il s'étonner, après cela, si le chien cause plus que jamais des ennuis à l'homme ?

Certes, nombreuses sont les personnes qui mènent une vie heureuse en compagnie de leurs chiens. Quelque part au fond de nous, les liens du passé sont toujours aussi vivaces. Aucun autre animal ne suscite en nous autant d'émotions ni n'est l'objet de tant d'amour et d'affection. Il n'en demeure pas moins que c'est davantage grâce à un heureux concours de circonstances qu'à la suite d'un effort conscient que certains parviennent à entretenir des relations harmonieuses avec leur chien. La connaissance du langage grâce auquel nos ancêtres pouvaient instinctivement et tacitement communiquer avec leur fidèle compagnon s'est perdue au fil des siècles.

Au cours de la décennie écoulée, j'ai tenté de jeter des ponts entre l'espèce humaine et la race canine, dans l'espoir de rétablir le contact entre les deux. Ma quête de ce mode de communication oublié a été longue et parfois pénible. Mais, en fin de compte, cet étonnant périple a été le plus gratifiant et le plus stimulant que j'aie jamais connu.

Chapitre 2

....

Les chiens de ma vie

l est difficile pour moi d'imaginer que j'aie pu, à une certaine époque, refuser toute idée de me lier de nouveau d'amitié avec un chien. Depuis la perte de Purdey, j'éprouvais un profond et terrible sentiment de déception. Je crois même m'être dit – comme on le fait d'ordinaire en pareil cas – que plus jamais je n'aurais de chien. Mais j'avais trop d'affection pour ces animaux pour m'en tenir à une telle résolution. Aussi, environ un an après la mort de Purdey, un petit chien de chasse venait panser les plaies causées par sa tragique disparition.

Exception faite de ce récent malheur, ma famille et moi nous sommes bien adaptées à notre nouveau mode de vie. Du fait que

mon mari s'adonnait à la chasse, les chiens firent de nouveau irruption dans notre existence. Un jour d'automne de l'année 1973, il
rentra bredouille en maudissant le sort de n'avoir pas eu un bon
chien de chasse à ses côtés. Il avait touché un lièvre qui avait
décampé dans les bois pour y succomber à ses blessures. « J'aurais
eu un chien que ça ne se serait pas passé comme ça », déplora-t-il
d'un air qui en disait long sur ce qu'il ruminait.

Un jour de septembre, à l'occasion de son anniversaire, nous
avons accueilli son premier chien de chasse, une femelle springer
à qui nous avons donné le nom de Kelpie. Mon mari adorait cet
animal autant que moi et ce jour marqua le début de ma longue
histoire d'amour pour cette magnifique race d'épagneuls.

Il était sans doute à prévoir que nous vivrions dans la hantise de
voir se reproduire ce qui était arrivé à Purdey. Aussi nous sommes-
nous dépêchés de nous procurer un de ces petits guides usuels sur
la manière de dresser les chiens. Je dois admettre que nos premières
tentatives en ce sens n'ont guère été fructueuses. Nous voulions
apprendre à Kelpie à rapporter, chose qu'un springer ne fait pas naturellement. Nous en tenant aux instructions du manuel, nous avons
commencé par lancer des objets que nous lui demandions de récupérer et de nous ramener. L'auteur du livre insistait sur l'importance
d'utiliser d'abord un objet ultraléger, histoire d'apprendre à l'animal à le tenir mollement dans sa gueule.

Nous avons donc emprunté à Ellie un de ses vieux bavoirs dans
lequel nous avons fait un nœud. Un bon matin, nous sommes sortis avec Kelpie et avons lancé le bavoir au loin, dans l'espoir qu'elle
le rapporte. Quelle ne fut pas notre joie quand nous l'avons vue
partir d'un trait pour ramasser l'objet en question. Mais nous avons

vite déchanté lorsqu'elle s'est ensuite précipitée vers la maison sans nous accorder plus d'attention. Le regard ébahi, mon mari m'a lancé : « Bon, qu'est-ce qu'on est censé faire maintenant, d'après le livre ? » Si mes souvenirs sont bons, nous avons alors éclaté de rire. Nous avons commis beaucoup d'erreurs en tentant de dresser Kelpie, mais au moins nous avons beaucoup rigolé. Aujourd'hui, chaque fois que je me prends trop au sérieux ou que j'ai trop confiance en mes moyens, je repense à cette époque où j'ignorais encore comment m'y prendre avec les chiens.

Kelpie n'en demeurait pas moins la propriété quasi exclusive de mon mari. Aussi, trop heureuse de voir qu'elle s'était bien adaptée à nous, je me mis bientôt en quête de mon propre animal de compagnie. Je m'étais éperdument éprise de la race des épagneuls et me procurai donc une femelle springer, âgée de neuf semaines, de la lignée des chiens d'exposition. Je lui donnai le nom de Lady, en souvenir du chien imaginaire qui avait bercé mon enfance.

Comme je m'intéresse moins à la chasse qu'à l'élevage et aux expositions, Lady me servit en quelque sorte de passeport pour cet univers fascinant. Dès le milieu des années 1970, je participais avec elle aux diverses foires et expositions canines qui se déroulaient un peu partout au pays. C'était un chien adorable, qui s'attirait la sympathie des juges où que nous allions. En 1976, Lady remplissait les conditions requises pour participer à la plus prestigieuse de toutes les expositions canines, le Cruft's Show de Londres. J'ai éprouvé une immense fierté le jour où nous nous y sommes présentées.

Outre que je trouvais ces expositions gratifiantes, je prenais plaisir à fréquenter ce petit monde où, en dehors de tout le reste, il était possible d'y nouer des liens avec des gens qui partageaient les mêmes idées. C'est ainsi que je me liai d'une amitié durable avec Bert et Gwen Green, un couple bien connu des cynophiles, car leur lignée de chiens était extrêmement populaire. Ils connaissaient mon désir d'élever des chiens à mon tour et me firent cadeau de Donna, la grand-mère de Lady, qui était âgée de trois ans. Celle-ci avait toutes les qualités requises pour m'aider à démarrer ma propre lignée. Elle me gratifia bientôt d'une première portée de sept chiots et j'en gardai un auquel je donnai le nom de Chrissy.

Chrissy était un animal d'exposition qui devint par la suite un excellent chien de chasse. Il remporta un premier prix dans la catégorie des chiots à l'âge de huit mois et il se qualifia lui aussi pour le Cruft. Le point culminant de sa carrière survint en octobre 1977 lorsque je le présentai à une exposition intitulée Show Spaniels Field Day, un événement prestigieux auquel participent les chiens de chasse qui se sont qualifiés pour le Cruft. Au cours de cette compétition, seule leur adresse compte. Lorsque Chrissy remporta le prix du meilleur springer anglais, je flottais littéralement sur un nuage. Je me souviens encore avec émotion du moment où le juge me remit la cocarde attribuée au gagnant. « Soyez la bienvenue au sein de l'élite », me dit-il. J'en ai longtemps éprouvé le sentiment d'avoir réussi à me tailler une place dans l'univers si particulier des cynophiles.

Encouragée par ce premier succès, je continuai à améliorer ma lignée par le biais de deux femelles de bonne race qui contribuèrent à asseoir ma réputation. Pendant ce temps, ma collection personnelle de chiens ne cessait de s'accroître. Donna a cependant connu une fin tragique en 1979, emportée par une tumeur à l'âge de seulement huit ans. En guise de consolation, j'ai fait l'acquisition, à l'intention de ma fille, d'une femelle cocker nommée

Susie, dont la fille Sandy a par la suite engendré une nouvelle lignée.

Mais ce fut avec Khan, un chien issu d'une lignée de springers anglais que j'avais obtenue par sélection, que je connus le plus de succès, celui-ci remportant le premier prix dans de nombreuses catégories, dont celle de la meilleure lignée. C'était un animal extraordinaire doté de traits magnifiques, à commencer par une tête à la fois chaleureuse et virile comme les juges les aiment. En 1983, il se qualifia pour le Cruft's Show, un exploit que six de mes chiens avaient déjà réussi précédemment. Pour mon plus grand plaisir, il remporta le premier prix dans sa catégorie. J'éprouve également une grande fierté au souvenir du moment où l'on me remit le ruban destiné au vainqueur.

Comme je l'ai mentionné plus haut, j'ai pu, au fil des ans, rencontrer ainsi des gens extraordinaires et chaleureux qui m'ont beaucoup appris. Mais aucun n'était plus avisé que Bert Green. Celui-ci avait l'habitude de me faire remarquer : « Je doute que ce que tu fais soit bien pour cette race, mais tâche au moins de ne pas lui faire de tort. » Il voulait dire par là que nous avons le devoir de rester fidèles aux principes qui régissent la confrérie des éleveurs de chiens.

Je sentais pour ma part que j'avais d'énormes responsabilités, et c'est la raison pour laquelle la majorité des quelques chiens qui naissaient sous mon toit étaient soigneusement placés dans des familles d'accueil. Il m'incombait de m'assurer que ces animaux auraient un tempérament approprié pour devenir des compagnons agréables. Je consacrais par conséquent beaucoup de temps à les dresser afin qu'ils soient « obéissants », comme on dit habituellement.

C'est à cette époque que le malaise que j'éprouvais depuis long-temps devant la manière dont nous traitons ces animaux se mani-festa au grand jour. Le souvenir de la fin tragique de Purdey conti-nuait de hanter mon esprit. Je ne cessais de me demander quelle erreur j'avais bien pu commettre dans son cas.

Ce malaise ne fit que s'intensifier devant la réserve de plus en plus grande que j'éprouvais à l'égard des méthodes tradition-nelles de dressage, que je jugeais trop coercitives. Ma propre tech-nique n'avait alors encore rien de radical ou de révolutionnaire. Bien au contraire, j'étais à bien des égards aussi conservatrice qu'il était possible de l'être dans ce domaine. J'apprenais à mes chiens à rester assis en exerçant une pression sur leur arrière-train, à venir au pied en donnant un coup sec sur leur collier d'étranglement et à marcher à mes côtés. Je leur inculquais tous ces principes à l'aide de méthodes éprouvées.

Mais plus je consacrais de temps au dressage, plus j'étais pour-suivie par un doute quant à leur efficacité réelle. Un peu comme si une petite voix à l'intérieur de moi me disait : « Tu obliges le chien à faire telle ou telle chose, mais lui n'en a pas forcément envie. »

Pour dire vrai, le mot « obéissance » m'avait toujours répugnée. De même, les mots « dompter », en parlant des fauves, ou « dresser », en parlant des chevaux, avaient, dans mon esprit, une conno-tation similaire. Ils impliquaient l'utilisation de moyens coercitifs afin de réduire un animal à l'obéissance, c'est-à-dire à se soumettre contre sa volonté. Cela me faisait penser aux traditionnels vœux de mariage, en vertu desquels la femme doit « obéissance » à son mari. Pourquoi ne parlerait-on pas plutôt de « collaboration » ou de « coopération » ? À mes yeux, « obéissance » est un mot chargé de connotations négatives. Mais qu'y pouvais-je ? Aucun manuel de dressage ne proposait de manière de faire différente. Et puis, quelle autorité avais-je pour remettre en question ces enseignements traditionnels ? Après tout, il n'y a pas trente-six façons de procéder : il faut bien rester maître de son chien si l'on veut éviter qu'il fasse des bêtises ! Il en va de la responsabilité de ceux qui ont des chiens comme de ceux qui ont des enfants d'en faire des êtres socialement responsables. Je n'avais donc pas le choix.

Néanmoins, je décidai dès lors d'humaniser le processus de dressage chaque fois que la chose était possible. C'est avec cette idée à l'esprit que je commençai à apporter certains changements subtils à ma méthode. Le premier consista tout simplement à adopter une nouvelle attitude et un nouveau vocabulaire. Comme je l'ai déjà expliqué, j'utilisais alors les méthodes courantes de dressage, qui faisaient notamment appel au collier dit d'étranglement. Cette appellation me faisait sourciller car, utilisée correctement, ce type de chaîne ne devrait jamais servir à étrangler un chien, mais simplement à lui envoyer un signal. Selon moi, on ne devrait jamais tirer brusquement sur la laisse d'un chien. Par conséquent, je décidai de changer de termes dans l'espoir que cela changerait les mentalités.

Je montrais donc aux gens comment utiliser cette chaîne de manière à produire un léger déclic destiné à signaler à l'animal qu'il devait se mettre en mouvement. Il réagissait au bruit provoqué de façon à éviter d'être étranglé. Mes élèves et moi les appelions désormais « chaînes de commandement » plutôt que chaînes d'étranglement. Bien que mineur, ce changement faisait une énorme différence dans nos esprits.

Je tentai d'en faire autant lorsqu'il s'agissait de faire venir un chien au pied. Je désapprouvais la méthode généralement employée, qui consiste à tirer sur la laisse vers le sol de manière à obliger l'animal à se coucher. J'estimais que cette manière d'opérer était inadéquate. J'ai donc mis au point une façon plus originale de procéder : je faisais d'abord asseoir le chien contre moi, puis je le contraignais à basculer sur le côté en lui faisant doucement sauter la patte antérieure située près de mes jambes. Chaque fois que je le pouvais, je cherchais ainsi une méthode plus douce de dressage, mais dans le cadre des paramètres habituels.

C'est ainsi que mes enseignements ont connu beaucoup de succès. Mais les changements obtenus me paraissaient encore trop infimes. La philosophie qui guidait ma démarche était restée fondamentalement la même : j'obligeais le chien à agir selon ma volonté. Je lui imposais mes désirs sans lui en laisser le choix, sans compter qu'il ignorait le pourquoi de mes intentions. C'est vers la fin des années 1980 que les idées qui allaient révolutionner ma façon de faire commencèrent à germer dans mon esprit.

Ma vie avait alors passablement changé. J'étais divorcée et mes enfants étaient en passe d'entrer à l'université. Dans le cadre d'une licence en lettres et en sciences humaines, j'avais moi-même suivi des cours de psychologie et de behaviorisme. Mon divorce m'avait forcée à mettre en veilleuse les expositions canines. Juste au moment où je commençais à être respectée et reconnue, tous les fruits de mon travail s'envolaient en fumée et j'en éprouvais une grande frustration. J'ai dû à regret me départir de certains de mes fidèles compagnons.

Je conservai néanmoins une meute de six chiens que j'emmenai avec moi dans ma nouvelle demeure, en 1984, mais ce dernier bouleversement acheva de me priver du temps nécessaire pour m'occuper du monde ultra compétitif des expositions canines. Je m'efforçais par ailleurs de subvenir aux besoins de mes enfants, de sorte qu'il m'était impossible d'élever à temps plein des chiens dans le but de les faire concourir. Hormis le temps que je consacrais à mes propres bêtes, mes contacts avec le monde canin se résumaient à mon travail au refuge pour animaux de mon patelin et aux articles que j'écrivais à ce sujet pour le compte du journal local.

Ma passion pour les chiens n'avait pas diminué pour autant. Mais il me fallait à présent la canaliser dans une nouvelle direction. Mon intérêt pour la psychologie était aussi demeuré très vif. Le behaviorisme, en particulier, faisait désormais partie intégrante de ma vie. J'avais lu Pavlov, Freud, B.F. Skinner et les écrits d'autres experts en psychologie du comportement et, à vrai dire, j'étais d'accord avec bon nombre de leurs idées. Ainsi, si votre chien vous saute dessus, c'est qu'il cherche de cette façon à établir sa domination sur vous et à vous remettre à votre place. Et s'il se précipite au-devant de vous chaque fois que vous vous dirigez vers une porte, c'est pour s'assurer que la voie est libre, pour protéger sa tanière et parce qu'il estime que son rôle est de vous guider vers la sortie.

J'ai aussi compris en quoi consiste ce qu'en psychologie on appelle l'« angoisse de la séparation ». Selon la théorie behavioriste, un chien se mettra à ronger les meubles et à abîmer tout ce qui se trouve dans la maison s'il est séparé de son maître. Une telle séparation crée beaucoup de tensions chez un chien. Toutes ces explications me semblaient fort plausibles et elles ont largement contribué à éclairer ma lanterne. Mais il manquait encore un élément de réponse à mes questions. Je ne cessais de me demander d'où le chien pouvait tenir ces renseignements. Je me demandais aussi si je n'avais pas perdu l'esprit à force de me poser des questions du genre : Pourquoi le chien dépend-il de son maître au point d'être stressé lorsqu'il en est séparé? Je l'ignorais à l'époque, mais j'observais le phénomène par le mauvais bout de la lorgnette.

C'est un euphémisme que de dire que mon attitude à l'égard des chiens – et de la vie – a changé du tout au tout par un bel après-midi de l'année 1990. À cette époque, je travaillais également en compagnie des chevaux. Un an plus tôt, une de mes amies, Wendy Broughton, dont je chevauchais le cheval de course China à l'occasion, m'avait invitée à assister au spectacle d'un cowboy américain du nom de Monty Roberts. La reine avait prié ce dernier de venir en Angleterre y faire la démonstration de sa méthode révolutionnaire de dressage des chevaux. Wendy avait précédemment eu la chance de le voir à l'œuvre : en moins de trente minutes, il avait réussi à seller, brider et chevaucher un cheval qui n'avait jamais été monté. À première vue, il s'agissait là d'un exploit pour le moins remarquable, mais mon amie demeurait sceptique. « Il a sûrement déjà eu affaire à ce cheval », pensait-elle. Pour elle, le personnage avait simplement eu beaucoup de veine.

Mais, en 1990, Wendy eut l'occasion de dissiper ses doutes. Elle avait répondu à une annonce que Monty Roberts avait fait paraître dans un magazine spécialisé destiné aux propriétaires de chevaux et de chiens. Il souhaitait de nouveau faire une démonstration publique de ses talents et demandait qu'on lui amène des poulains de deux ans qui n'avaient pas encore été sellés ou montés. Wendy lui avait proposé d'essayer sa méthode sur Ginger Rogers, sa jument pur-sang à la robe marron, et il avait accepté. Wendy considérait quant à elle qu'elle venait de lui lancer un défi impossible à relever. Ginger Rogers étant un cheval particulièrement têtu, nous étions toutes deux convaincues que Monty Roberts était sur le point de perdre la face.

Pendant que je me rendais au refuge pour animaux de St. Ives, dans le Cambridgeshire, par un après-midi d'été ensoleillé, je m'efforçais de garder l'esprit ouvert, ne serait-ce que parce que j'éprouvais un immense respect pour les connaissances de la reine concernant les animaux, en particulier les chevaux et les chiens. Si Monty Roberts était crédible à ses yeux, je me devais à tout le moins de le voir à l'œuvre.

Lorsqu'on évoque le mot « cow-boy », on songe inévitablement à John Wayne et à d'autres personnages plus grands que nature, portant chapeau à larges bords et jambières de cuir, qui bousculent tout sur leur passage en jurant et en crachant par terre. Or, l'être qui se présenta devant un auditoire restreint ce jour-là était loin de ressembler à ce cliché. Casquette de jockey sur la tête, il portait une chemise bleu marine bien mise et un pantalon beige qui lui donnaient des airs de gentleman-farmer. Il n'y avait rien d'offensant ou de tapageur chez lui. Au contraire, il paraissait plutôt calme et effacé. Néanmoins, il semblait doté d'un charisme inhabituel dont j'allais très bientôt avoir un aperçu.

Nous étions environ une cinquantaine à être assis tout autour de l'enclos circulaire qu'il avait installé au milieu de la section réservée aux chevaux. Il commença par faire quelques remarques préliminaires concernant sa méthode de dressage et ce qu'il avait l'intention de nous montrer. Mais la séance augurait mal. Ginger Rogers se trouvait derrière Monty Roberts, qui n'avait pas remarqué sa présence. Pendant qu'il parlait, elle commença à hocher lentement la tête, comme si elle voulait se moquer de lui. Tous se mirent à rire.

Lorsque Monty pivota sur lui-même pour l'observer, Ginger cessa son petit manège, pour recommencer aussitôt qu'il eut de nouveau le dos tourné. Wendy et moi avons alors échangé un regard entendu. Il s'est attaqué à plus fort que lui, pensions-nous d'un commun accord. Pendant que Monty se munissait d'une écharpe et s'apprêtait à nous faire son numéro, nous nous calâmes dans notre siège en attendant que le spectacle commence.

Exactement vingt-trois minutes et demie plus tard, nous étions prêtes à ravaler nos paroles. C'est tout ce qu'il avait fallu à Monty Roberts pour non seulement calmer Ginger, mais pour lui faire aussi accepter sans peine un cavalier alors qu'elle n'avait jamais été sellée ni montée auparavant, nous le savions hors de tout doute. Stupéfaites, Wendy et moi en sommes restées bouche bée. L'incrédulité pouvait se lire sur nos visages et nous sommes restées en état de choc pendant un bon moment. Nous en avons discuté pendant des jours par la suite. Wendy, qui s'était adressé à Monty Roberts aussitôt après son exploit, fit même construire une réplique de l'enclos circulaire qui était sa marque de commerce et commença à mettre ses conseils en pratique.

Un déclic s'est également produit dans mon esprit ce jour-là. Par bien des aspects, la technique de Monty Roberts avait fait vibrer une corde sensible en moi. Comme chacun le sait à présent, celle-ci consiste à communiquer – à « entrer en contact », comme il le dit lui-même – avec les chevaux. Lorsqu'il est dans son enclos circulaire en compagnie d'un cheval, il s'efforce de créer un lien avec ce dernier et de parler littéralement le même langage que lui. Monty Roberts a passé sa vie à observer les chevaux dans leur environnement naturel et sa méthode de dressage s'appuie essentiellement sur cette longue expérience. Mais le plus étonnant reste qu'il n'y a aucune place pour la souffrance et la peur dans sa façon de procéder. Il considère comme un viol le fait d'imposer sa volonté à un animal sans son consentement, d'où l'importance qu'il accorde au fait de s'assurer d'abord de la collaboration de ce dernier. Il était évident, à voir de quelle façon il avait réussi à gagner la confiance de Ginger Rogers, qu'il accomplissait des merveilles grâce à sa méthode peu orthodoxe. Il faisait notamment grand cas du fait qu'il était en mesure de toucher le flanc de l'animal, sa partie la plus sensible. Tout en observant sa façon de travailler de concert avec la jument et d'être attentif aux moindres réactions de cette dernière, je ne pouvais m'empêcher de penser que cet homme était cinglé. Il était parvenu à un tel degré de communion avec elle qu'elle acquiesçait sans rechigner à tous ses désirs. Il n'avait nul besoin de lui imposer quoi que ce soit ni de faire usage de la force ou de la violenter : la jument agissait en tout de son plein gré. Je me suis alors demandé si je ne pourrais pas en faire autant avec les chiens. J'étais d'autant plus convaincue qu'il était possible d'adapter pareille méthode à la race canine que – l'histoire le démontre – nous avons des rapports beaucoup plus étroits avec nos compagnons de toujours qu'avec les chevaux. La seule question à laquelle je n'avais pas encore trouvé de réponse était : comment dois-je m'y prendre ?

Chapitre 3

....

Observer pour mieux comprendre

e me rends compte à présent de la chance que j'ai eue alors. Si je n'avais pas entrepris d'élargir ma meute de chiens, je n'aurais sans doute jamais pu observer le phénomène dont j'ai été témoin. À cette époque, je n'avais plus que quatre chiens: Khan, Susie et Sandy, ainsi qu'un beagle du nom de Kim que j'avais recueilli récemment. Ils formaient un quatuor du tonnerre, chacun possédant son caractère particulier. J'entrais alors dans une nouvelle phase de ma vie. Mes enfants avaient atteint l'âge adulte et je venais de perdre mes parents, de sorte que je n'avais plus aucune attache. Enfin libre de décider seule de ma vie, je me suis mise en frais de ramener chez moi un jeune et magnifique berger allemand femelle à la robe noire que j'appelai Sasha.

J'ai toujours caressé l'idée d'en posséder un, même si ces chiens de berger ont mauvaise réputation. On considère généralement qu'ils sont tout juste bons à faire des chiens policiers ou que ce sont des animaux belliqueux qui n'hésitent pas à s'attaquer aux gens. Or, rien n'est plus éloigné de la vérité. Il en va des chiens comme des êtres humains : on a vite fait de les cataloguer. Qui n'a pas déjà entendu que tous les bergers allemands sont agressifs, que tous les épagneuls sont stupides ou que tous les beagles sont désobéissants ? Pourtant, il est tout aussi ridicule de tenir de tels propos que de dire que les Anglais ne sortent jamais sans leur chapeau melon et leur parapluie ou que tous les Mexicains portent un sombrero. Ma réticence à me procurer un berger allemand n'avait rien à voir avec de tels préjugés. Je craignais simplement de ne pas avoir l'étoffe nécessaire pour dresser pareil animal. J'avais beaucoup entendu parler de leur extrême intelligence et de la nécessité de stimuler leurs neurones et d'occuper leur esprit. J'avais toujours cru jusque-là que je n'avais ni le temps ni la patience, et encore moins les connaissances nécessaires, pour en héberger un sous mon toit. Mais maintenant, les choses avaient passablement changé.

L'arrivée de Sasha marqua un point tournant dans ma vie. Après avoir vu Monty Roberts à l'œuvre, je savais qu'il me fallait suivre son exemple et rester attentive aux moindres faits et gestes de mes chiens. Je devais cesser de croire que je savais ce qui était bon pour eux et commencer à observer leur comportement. Les résultats ne se firent pas attendre. Sasha était un chiot qui débordait d'énergie. Mes autres chiens réagirent chacun à sa façon devant une telle exubérance. Kim, le beagle, feignit tout simplement d'ignorer sa présence. Khan, au contraire, était tout heureux de s'être trouvé un nouveau compagnon de jeu. Il lui importait peu de savoir que Sasha le suivait partout et était sur ses talons jour et nuit. Seul Sandy, le cocker de mon fils Tony, paraissait s'adapter difficilement à la nouvelle situation.

Dès l'instant où Sasha a franchi le seuil de la porte, Sandy a aussitôt manifesté son hostilité à l'égard du nouveau venu. Il est vrai que celle-ci, âgée de douze ans, commençait à se faire vieille et n'avait nullement envie de voir ce jeune chien énergique sautiller autour d'elle. Au début, elle feignit de l'ignorer en détournant la tête ; mais la chose devint d'autant plus pénible pour elle que, dès que Sasha eut atteint l'âge de dix semaines, sa taille dépassa celle de Sandy. Cette dernière se mit alors à grogner et à retrousser les babines dans le dessein évident de repousser Sasha.

Tout en essayant de comprendre ce qui se passait, je me suis rappelé qu'un autre de mes chiens, un de mes premiers springers du nom de Donna, mieux connue sous le nom de « Duchesse », avait eu un comportement similaire à l'époque. Comme son surnom l'indique, il y avait quelque chose d'altier en elle. Lorsqu'elle se déplaçait, tout le monde s'écartait de son chemin. Je me souviens du jour où ma mère voulut s'installer dans le fauteuil où Donna se prélassait. Cette dernière se redressa d'un air indigné et repoussa vivement ma mère, qui finit par se retrouver par terre. Ma mère se releva et tenta de nouveau de s'asseoir au même endroit, mais Donna recommença son petit manège. Nous avions toutes deux beaucoup ri de cet incident, à l'époque.

En voyant faire Sasha et Sandy, je compris que le même scénario se répétait. Autrefois, je n'avais pas saisi le sens de ce petit jeu. Mais voilà que tout s'éclairait soudain à mes yeux. Il m'est apparu nettement à l'esprit que, tout comme Donna jadis, Sandy tentait à présent de s'imposer, d'établir sa domination. Il y avait donc un rapport de forces en cause.

Je remarquai par la suite que mes chiens faisaient tout un malheur chaque fois qu'ils se retrouvaient entre eux. Ainsi, lorsque j'emmenais Sasha chez le vétérinaire, ils se livraient à un véritable spectacle dès qu'elle était de retour à la maison. J'ignorais à l'époque de quoi il retournait, mais je sais maintenant que ce cirque correspond à un rituel de bienvenue. Chaque fois, elle se mettait à lécher abondamment le visage des autres chiens tout en dressant les oreilles.

Au début, tout cela n'avait guère de sens à mes yeux. Le comportement de Sasha pouvait être attribuable à l'exubérance de sa jeunesse, au fait qu'elle était nouvelle au sein du groupe ou à quelque habitude qu'elle avait acquise avant sa venue chez nous. Fort heureusement pour moi, les faits et gestes de Sasha ne constituaient pas ma seule source d'inspiration. Son regard me rappelait beaucoup celui d'un loup. Je m'étais quelque peu documentée, par le passé, sur les bandes de loups, et Sasha m'incita à me rafraîchir les idées à ce sujet.

Je visionnai quelques cassettes vidéo portant sur les loups, dingos et autres chiens sauvages et fus frappée de retrouver chez eux le même type de comportement. J'étais fascinée de voir qu'eux aussi se livraient, scène après scène, au même rituel de bienvenue. J'étais persuadée que tout cela avait à voir avec leur rang social. Mon intuition se confirma au fur et à mesure que je prenais connaissance des mécanismes à l'œuvre chez les loups, lesquels forment une communauté fortement soudée autour des chefs de la bande, à savoir le couple alpha.

© Bill Forbes

Loup dominant exerçant son autorité sur un de ses congénères.

J'examinerai plus loin cette question en détail. Disons pour l'instant que le couple alpha est constitué des loups les plus forts, les plus vigoureux, les plus intelligents et les plus expérimentés de la bande. Ceux-ci maintiennent leur position du fait qu'ils sont les seuls membres de la bande à se reproduire, ce qui assure du coup que seuls les gènes les plus robustes se perpétuent. Il est important de retenir que le couple alpha domine la bande et régit tous les aspects de la vie du groupe. Le reste de la bande accepte cette domination et s'en remet sans sourciller aux décisions du couple alpha. Chacun des subordonnés s'accommode ensuite de la place qui lui revient et du rôle vital qu'il joue au sein de cette société fortement hiérarchisée.

À force de regarder ces documentaires, il m'est apparu clairement que seuls les couples alpha faisaient l'objet des rituels de bienvenue observés. Les loups dominants ne léchaient toutefois pas la face
des autres loups. Au contraire, ce sont les autres qui leur léchaient le
visage. La nature de ce comportement était assez particulière : les
loups agissaient avec frénésie, mais seule la tête était concernée. Leur
langage corporel me fournissait par ailleurs d'autres indices. Le
degré de confiance qu'ils manifestaient et l'attitude qu'ils adoptaient
permettaient de distinguer les loups dominants des autres. Même
leur démarche était différente : ils soulevaient leur queue beaucoup plus haut que tous les autres. Les membres inférieurs du groupe
envoyaient des signaux facilement reconnaissables, eux aussi. Certains s'allongeaient tout simplement devant leurs supérieurs.
D'autres, sans doute les plus jeunes et les plus bas placés dans l'ordre
hiérarchique, n'osaient même pas s'approcher du couple alpha. Ils
se contentaient de rester en arrière, comme si seuls quelques pri-
vilégiés avaient le droit de lécher la face des chefs de la meute.

Je me rendis de nouveau compte que j'avais déjà été témoin de
pareil comportement. Mon chien Donna, la « Duchesse », avait
en effet le même maintien autoritaire. Mais c'est lorsque j'observai ma meute à la lumière de cet éclairage que j'ai clairement vu
les similitudes entre chiens et loups. J'assistais au même genre
de scènes. Sous mes yeux, évoluaient rois, chevaliers et serviteurs.
Comme chez les loups, les chiens inférieurs étaient relégués à
leur place par ceux qui les dominaient. Je n'avais jamais remarqué cet état de fait auparavant. J'ai soudain compris que les chiens
se comportaient exactement comme les loups. Pour moi, ce fut une
découverte capitale.

Louveteau quémandant de la nourriture.

Le petit Molly quémandant de la nourriture.

Sasha, encore une fois, m'en fournit la preuve la plus concluante. Il était maintenant évident pour moi qu'elle était montée en grade au sein de la meute. En grandissant, elle avait acquis suffisamment confiance en ses moyens pour passer outre aux protestations de Sandy qui, dans le même temps, s'était résignée devant l'inévitable. Elle courbait désormais la tête, et son corps aussi bien que sa queue s'inclinaient au passage de Sasha.

Mais les changements survenus dans l'ordre hiérarchique apparaissaient encore plus nettement au moment de la récréation. Lorsque je leur lançais une balle ou tout autre jouet, il revenait à Sasha de récupérer l'objet. Les autres chiens se lançaient également à sa poursuite et sautillaient tout autour lorsqu'elle touchait le sol, mais il n'y avait aucun doute dans leur esprit sur l'identité de celui qui avait comme tâche de rapporter la balle. Et si l'un d'entre eux osait s'approcher de Sasha une fois qu'elle l'avait ramassée, elle leur lançait un regard qui voulait dire: «Elle est à moi, alors inutile d'insister!»

En comparaison, Sandy adoptait une attitude de soumission, tout son corps s'affaissant de plus en plus durant toute la scène. Sandy avait bel et bien abandonné la partie et laissé Sasha s'imposer comme le leader incontesté de la meute. Le jeune chien avait en quelque sorte réussi un coup d'état sans effusion de sang.

Mes chiens n'adoptaient toutefois pas en permanence ce curieux comportement. La plupart du temps, ils étaient simplement heureux de s'amuser chacun de son côté. Ce n'est qu'en des occasions précises, comme je le remarquai par la suite, que cet ordre hiérarchique s'instaurait de nouveau. L'étape suivante consistait pour moi à découvrir à quel moment cette forme de communication intervenait.

© Bill Forbes

Deux loups s'amusant à s'immobiliser l'un l'autre.

Molly s'entraîne dès son plus jeune âge à immobiliser Sadie.

Ainsi, j'avais droit au même cérémonial dès que je rentrais à la maison. Mais, en observant attentivement leur comportement, je me rendis compte que mes chiens avaient les mêmes égards pour moi lorsque j'accueillais un visiteur. Aussitôt que ce dernier avait franchi le seuil de la porte, ils se pressaient autour de moi. Ils devenaient très excités, se ruaient vers la porte et se précipitaient sur le nouveau venu. À chaque fois, il y avait interaction entre eux et ils adoptaient le même comportement. Ce rituel se répétait lorsque je sortais leurs laisses et que nous nous apprêtions à partir en balade. Au moment de quitter la maison, ils ne contenaient tout simplement plus leur joie et devenaient très agités; ils bondissaient partout et se livraient au même genre de réactions que précédemment.

En regardant de nouveau faire les loups, j'observai une fois de plus qu'ils avaient le même type de comportement. Dans leur cas toutefois, les interactions en question se produisaient lorsque la bande se disposait à aller à la chasse. Les loups couraient en tous sens et se bousculaient pour se tailler une place au sein du groupe, mais le couple alpha finissait toujours par se retrouver en tête : le port altier et la queue dressée, les loups dominants dirigeaient invariablement le reste de la bande au moment de partir en quête d'une proie.

Ce manège permettait aux loups de se repositionner au sein du groupe. Le chef de la bande rappelait aux autres qu'il était dans ses attributions de les guider et qu'il était de leur devoir de suivre ses instructions. Du respect de cet ordre hiérarchique dépendait leur survie à tous. De toute évidence, ma meute de chiens répondait aux mêmes exigences. Néanmoins, j'étais surtout curieuse de savoir comment je m'insérais dans leur groupe. Il suffisait de voir leurs réactions à mon endroit pour comprendre que je faisais partie intégrante de leur univers. Et d'eux tous, c'était encore Sasha qui souhaitait le plus ardemment que je m'intègre à eux.

Dès que nous sortions de la maison, Sasha se plaçait invariablement devant moi. Elle se mettait de travers par rapport à moi, de telle sorte qu'elle me bloquait le chemin. J'avais beau la retenir en tirant sur sa laisse, elle insistait pour ouvrir la marche. Il semblait tout naturel pour elle d'agir ainsi. De même, si un bruit inhabituel se faisait entendre ou si un événement inattendu se produisait, comme lorsqu'un autre chien surgissait devant nous, elle se postait devant moi comme pour me protéger. C'était également elle qui aboyait avec le plus de vigueur lorsqu'un inconnu passait devant notre maison ou lorsque le facteur ou le laitier se présentait chez nous. Et, contrairement aux autres, il n'y avait aucun moyen de la calmer en pareille circonstance.

Pour dire vrai, ce comportement m'inquiétait quelque peu. Il me rappelait vaguement l'habitude qu'avait Purdey de courir en tous sens devant moi. Une partie de moi craignait de ne pas être à la hauteur de la situation. Heureusement, cette fois-ci j'avais une idée de ce qui se passait. J'en eus une première indication en me souvenant de nouveau de Donna. Quelques années plus tôt, j'avais eu la garde d'un petit garçon prénommé Shaun. Lorsque je le couchais par terre sur une couverture, Donna s'étendait à ses côtés et plaçait sa patte sur sa jambe. Si le bébé la repoussait, elle ramenait aussitôt sa patte sur lui. Elle se sentait visiblement investie de la mission d'assurer sa protection et de veiller sur lui en tout temps. J'ai compris ainsi que Sasha voulait me protéger tout comme Donna avait cru que le bien-être et la sécurité du bébé relevaient de sa responsabilité. Sinon, pourquoi faisais-je l'objet de tant d'attentions de sa part chaque fois que je franchissais le seuil de la porte ou que j'accueillais chez moi des visiteurs? Pourquoi Sasha se mettait-elle dans tous ses états chaque fois que nous nous apprêtions à faire une promenade?

Je sais à présent que bon nombre de mes erreurs étaient dues à ma programmation humaine. Comme la plupart des habitants de cette planète, j'en étais venue à croire que le monde tournait autour du genre humain et que toutes les autres espèces s'étaient pliées à notre mode d'organisation. Dans mon esprit, du fait que j'étais maître de mes chiens, j'étais obligatoirement leur chef. Mais voilà qu'un sérieux doute à ce sujet s'installa pour la première fois dans mon esprit. J'en étais à me demander si Sasha ne s'efforçait tout simplement pas de prendre soin de moi.

Toutes les informations récoltées jusqu'à présent m'avaient grandement aidée à comprendre mes chiens. Mais cette dernière découverte eut sur moi l'effet d'une révélation. Elle m'obligea à remettre totalement en question ce que j'avais cru jusqu'alors. C'est ainsi que la vérité commença à se faire jour dans mon esprit. «Est-ce que je ne prendrais pas le problème à l'envers, par hasard? me demandai-je. Est-ce que je ne percevrais pas les choses avec l'arrogance et la suffisance propres aux êtres humains? Et si, au contraire, je me mettais à la place des chiens et cessais de croire qu'ils sont dépendants de nous pour oser admettre que ce sont eux qui se sentent responsables de notre bien-être? Et s'ils étaient persuadés d'être nos supérieurs et que nous n'étions à leurs yeux que les membres inférieurs de leurs meutes? Et s'ils avaient en tête que leur rôle consiste à veiller sur nous plutôt que l'inverse ? » Plus j'y réfléchissais, plus les pièces du puzzle semblaient se mettre en place.

Prenons l'exemple de l'angoisse de la séparation. Au lieu de penser que les chiens s'inquiètent à l'idée que leurs parents les abandonnent, nous devrions plutôt considérer qu'ils se comportent comme des parents inquiets pour leurs enfants. Imaginez votre angoisse si vous ignoriez où est passé votre bambin de deux ans ! Votre chien ne met pas votre maison à sac parce qu'il s'ennuie, mais parce qu'il est paniqué. Et s'il vous saute dessus à votre retour, c'est moins pour jouer avec vous que pour vous souhaiter la bienvenue au sein de la meute dont il croit avoir la charge.

Quelle idiote j'avais été ! J'avais commis le genre d'erreurs que nous les humains avons tendance à faire dans nos rapports avec les animaux. J'avais cru que les chiens n'avaient aucun moyen de communication en propre. (Comment auraient-ils pu, puisqu'ils vivaient en notre compagnie ?) De même, j'avais cru qu'ils comprenaient qu'ils vivaient chez moi. Il ne m'était pas venu à l'idée qu'ils obéissaient à des règles dictées par la nature elle-même, et non par la civilisation. Bref, je les avais soumis aux contraintes du genre humain : j'avais permis à trop de familiarité d'engendrer le mépris. Je n'irais pas jusqu'à dire qu'un éclair de génie m'a traversé l'esprit en voyant une pomme tomber d'un arbre ou la foudre s'abattre du ciel, mais dès cet instant ma conception des choses s'en est trouvée radicalement modifiée.

Chapitre 4

Le chef de la meute

En quelques mois à peine, j'avais une meilleure compréhension des choses que je ne l'aurais jamais imaginé. En prenant le temps d'observer les interactions qui se produisaient entre mes chiens et d'être à leur écoute, j'avais recueilli une foule de renseignements utiles. Mes propres chiens adoptaient, jour après jour et sous mon propre toit, des comportements qu'on observe normalement chez des animaux sauvages. Je commençais à saisir comment ils parvenaient à imposer leur volonté, à établir leur suprématie et à asseoir leur domination. Et tout cela sans avoir besoin de crier ou d'agir avec brutalité, car les chiens ne se comportent pas de cette manière envers leurs semblables.

À les regarder faire, j'avais remarqué qu'il y avait interaction entre eux en trois occasions distinctes : lorsqu'ils sentaient l'imminence du danger, lorsqu'ils étaient sur le point de faire une promenade et lorsqu'ils se retrouvaient entre eux après avoir été séparés. À chaque fois, je voyais certains chiens se faire remettre à leur place, le leader du groupe affirmer son autorité et ses subordonnés accepter cette domination. Il me restait encore à découvrir comment mettre cette information à profit.

L'aspect le plus fascinant des enseignements de Monty Roberts restait à mes yeux la manière dont un être humain peut réussir à imiter le comportement des chevaux. Je sentais que je devais suivre son exemple et arriver à me comporter comme mes chiens. J'étais curieuse de voir quels résultats j'obtiendrais si j'agissais comme un chef de meute le ferait dans la nature. Mais il était tout aussi important pour moi de savoir si un tel comportement était souhaitable. Peut-être mon intervention aurait-elle des effets secondaires ou affecterait-elle le bien-être et la qualité de vie de mes chiens. Tout en ayant ces appréhensions à l'esprit, j'étais consciente que le plus difficile resterait à trouver un moyen d'amener mes chiens à prendre de leur plein gré des décisions susceptibles de me donner satisfaction. En d'autres termes, comme le dit si bien Monty Roberts, je voulais être « élue présidente de leur comité ». Le défi était de taille.

Je n'ignorais pas que, pour réussir, il me faudrait respecter deux critères extrêmement importants, que j'appelai les deux « C ». Il m'apparaissait en effet indispensable de faire preuve de constance et de garder mon calme en toutes circonstances. Pendant des générations, on nous a appris que la meilleure façon de se faire obéir d'un chien consistait à lui aboyer des ordres. Qui n'a pas déjà lancé à son chien : « Assis ! Couché ! Au pied ! Rapporte !… » ? J'en ai moi-même fait autant. Les chiens reconnaissent ces mots, mais pas forcément parce qu'ils en connaissent la signification. Leur cerveau fait tout au plus le lien avec des sons qu'on leur répète sans arrêt. En ce qui me concerne, leur efficacité ne prouve qu'une chose, à savoir qu'il importe d'être constant quand on donne des instructions à son chien. Cela mis à part, le fait de s'égosiller en lui donnant un ordre reste le meilleur moyen d'en faire un animal déséquilibré.

J'en ai eu la confirmation alors que je m'apprêtais à passer à l'étape suivante. Un homme accompagné de son doberman venait régulièrement dans le parc où j'avais l'habitude d'emmener mes chiens faire de l'exercice. Chaque fois qu'un animal s'approchait du sien, il se mettait à vociférer en brandissant sa canne. À peine avait-il commencé son manège que son doberman se mettait à grogner et à essayer de mordre à son tour. En revanche, les personnes qui se promenaient, l'air heureux et détendu, en compagnie de leurs chiens semblaient habituellement posséder des animaux tout aussi calmes et radieux. Ces observations me fournirent amplement matière à réflexion sur le genre de leadership que je souhaitais exercer, et je compris vite que, pour diverses raisons, il était impératif pour moi de cultiver le calme et la sérénité.

Chez les humains comme chez les chiens, le dirigeant qui sait imposer ses idées en silence est celui qui réussit le mieux à inspirer son entourage. Ces grands de l'histoire que furent notamment Gandhi, Sitting Bull et Nelson Mandela étaient des leaders charismatiques qui ne se départissaient pourtant jamais de leur calme. Lorsque je pense aux qualités qui font un bon chef, ces paroles du célèbre poème *Tu seras un homme, mon fils!* de Rudyard Kipling me viennent à l'esprit :

« Si tu peux conserver ton courage et ta tête quand tous les autres les perdront… »

C'est la logique même, quand on y réfléchit bien. Un dirigeant qui montre des signes de colère et d'agitation n'inspire généralement pas confiance et a peu de chance d'être estimé. Ce principe s'applique aussi chez les loups, où les chefs de bandes font preuve d'une sérénité qui frôle parfois la désinvolture.

Si je souhaitais communiquer avec eux dans leur langage et, plus important encore, si je voulais devenir leur chef, je devais par conséquent me comporter avec mes chiens de manière à passer pour tel à leurs yeux. N'étant pas énergique et silencieuse de nature, je me devais de modifier quelque peu ma personnalité devant mes compagnons à quatre pattes. En comparaison avec les transformations qui se sont produites par la suite, il s'agissait là d'un changement mineur.

J'ai entrepris mes premières tentatives par un jour de semaine pluvieux. Il tombait des cordes ce matin-là et j'ai d'abord songé à remettre le tout à un jour où le soleil serait au rendez-vous. Mais j'avais trop hâte de mettre mes nouvelles idées à l'épreuve. La veille, je m'étais endormie en me promettant de passer à l'action dès mon réveil. J'avoue toutefois que j'étais tenaillée par le doute. J'ignorais si mon plan serait un succès ou un échec et je me sentais quelque peu ridicule. « Pourvu que personne ne voie ça! » me disais-je. Néanmoins, lorsque je descendis l'escalier, j'étais consciente que je n'avais rien à perdre.

Les gens s'imaginent que mes chiens agissent depuis toujours selon mes désirs. Ils se trompent royalement. À l'époque, ma meute ne me laissait pas une minute de répit ; pis encore, j'étais entourée de chiens fort mal élevés. Quand je rentrais à la maison, ils sautaient et bondissaient tout autour de moi comme tout chien normal le fait habituellement, et cela m'irritait parfois au plus haut point. Il m'arrivait de revenir les bras chargés de provisions ou de porter une robe élégante, et voilà qu'ils se précipitaient sur moi ! Je décidai donc de modifier en premier lieu l'ordre hiérarchique au sein de ma propre meute.

Le soir précédent, j'avais tout planifié dans ma tête : j'avais décidé de me comporter comme un loup alpha en feignant tout simplement de les ignorer. La chose ne m'était guère facile. Mais je me rendis bientôt compte que je possédais davantage de ressources personnelles que je ne l'avais cru jusque-là. Les humains étant des êtres de langage, ils ont tendance à abuser de la parole. Ils oublient de ce fait qu'ils ont aussi une bonne connaissance du langage corporel. Si une personne se détourne de vous, par exemple, vous savez tout de suite ce qu'un tel geste signifie. De même, si, au milieu d'une pièce bondée, quelqu'un détourne les yeux en vous voyant, vous percevez son message sans ambiguïté possible. Les chiens n'agissent pas autrement : ils se comprennent souvent d'un simple regard. J'ai eu vite fait d'imaginer quel parti je pourrais tirer de ce savoir. Ce matin-là, après être descendue à la cuisine et y avoir fait venir les chiens, j'ai donc entrepris d'agir différemment. Lorsqu'ils ont commencé à me sauter dessus, je n'ai pas dit un mot ; de même lorsqu'ils se sont mal conduits comme à leur habitude. Pendant quelques minutes, j'ai même évité leurs regards. Je me suis tout simplement contentée de les ignorer.

Au début, j'avoue que je me sentais mal à l'aise. Je devais lutter contre ma propension naturelle à entrer en rapport avec eux chaque fois que l'occasion m'en était donnée. Si je n'avais pas obtenu des résultats quasi immédiats, je ne crois pas que j'aurais pu tenir le coup très longtemps. Après à peine une journée ou deux de ce nouveau régime, des changements notoires sont survenus dans leur comportement. À ma grande surprise, mes chiens cessèrent rapidement de sauter dans les airs ou de m'assaillir. Comme je répétais mon petit manège chaque fois que je m'approchais d'eux, ils devinrent de plus en plus respectueux à mon égard. À la fin de cette semaine-là, ils se tenaient tranquilles et me laissaient en paix.

Leur docilité, j'en suis certaine, me fut d'autant plus facilement acquise qu'ils en tirèrent immédiatement profit. Le fait pour eux de m'accorder mon espace vital se traduisit par un changement de climat radical, car j'éprouvais désormais du plaisir à être avec eux. Ils comprirent que, pendant le temps que je leur consacrais, la qualité de nos rapports s'était améliorée. J'avais appris, grâce au behaviorisme, qu'on ne doit pas prêter attention aux comportements indésirables ou excessifs, mais renforcer au contraire tout comportement désirable. Afin de donner plus de poids à mon message, j'étais aux petits soins pour eux quand je les appelais à moi. En moins d'une semaine, j'avais obtenu les résultats escomptés : ils ne venaient à moi que si je manifestais le désir de les voir.

Cette première tentative ayant réussi, je sentais que j'étais sur la bonne voie. Mais je compris très vite que cela ne suffirait pas. Je décidai par conséquent de pousser plus loin l'expérience en voyant ce qu'il était possible de faire dans le cas où mes chiens étaient confrontés à un danger ou à des étrangers. Comme tous les chiens, les miens avaient l'habitude d'aboyer chaque fois que quelqu'un se présentait chez nous. À peine la personne avait-elle franchi le seuil de la porte qu'un cercle se formait autour d'elle ; ils lui sautaient dessus et s'agitaient en tous sens. J'avais beau leur crier d'arrêter, ils continuaient au contraire d'en faire de plus belle à leur tête. Loin de les apaiser, mes injonctions ne faisaient qu'empirer la situation. Le poème de Kipling me revint de nouveau à l'esprit ; il me fallait garder la tête froide et faire preuve de calme et de constance.

Je priai donc mes visiteurs de ne pas s'occuper d'eux. Quant à ceux de mes chiens qui continuaient de sauter dans les airs, je les conduisais tout simplement dans une autre pièce. Certains crurent que j'étais devenue folle. Pour eux, c'était la chose la plus naturelle au monde que de caresser un chien, surtout s'il est magnifique. Mes parents et amis avaient l'habitude de cajoler Sasha, Khan, Sandy et Kim. Mais j'étais déterminée à mener cette expérience à terme et j'insistai pour qu'ils se plient à mes exigences.

Les premiers signes annonciateurs de changement me convainquirent de m'en tenir à ma première idée. En quelques jours à peine, les choses commencèrent à se tasser. Mes chiens se contentaient d'aboyer au lieu de grouiller autour de mes visiteurs ou de sauter sur ces derniers. Encore une fois, ils comprirent assez rapidement ce que j'attendais d'eux. J'avais néanmoins peine à croire que tout cela pouvait être aussi facile ; j'attribuai une partie de mon mérite au fait que Khan et Sandy prenaient de l'âge. Il était par contre significatif de voir que celui de mes chiens qui répondait le mieux à mes désirs était Sasha, le plus jeune de la meute et un berger allemand de surcroît. Mais à aucun moment je n'ai pensé : « J'ai trouvé la bonne façon de m'y prendre avec eux et il doit bien y avoir une raison à cela. » Je ne cessais au contraire de m'interroger sur la bonne marche à suivre. Je ne cache toutefois pas que j'éprouvais un sentiment extraordinaire. Mes chiens étaient littéralement transformés : ils avaient l'air plus heureux, plus calmes, et cela faisait plaisir à voir.

J'ai voulu ensuite tenter le même genre d'expérience durant l'heure de la promenade. À franchement parler, jusque-là, mes balades avec eux se déroulaient pour ainsi dire dans le désordre le plus complet. À peine nous étions-nous mis en route qu'ils couraient en tous sens en tirant sur leurs laisses. Pareil chaos résume on ne peut mieux à mes yeux à quel point les méthodes traditionnelles de dressage sont un échec. Je crois avoir inculqué à mes chiens passablement de bonnes manières en leur apprenant à être obéissants, mais je dois avouer honnêtement que, lorsque nous sortions, soit ils se comportaient comme des robots, soit ils n'en faisaient qu'à leur tête. Bref, c'était tout ou rien. Or, ce n'est pas ce que je souhaitais ; en mon for intérieur, j'espérais trouver un moyen de parvenir à une forme quelconque de collaboration, de sorte qu'ils soient disposés à se soumettre à mes désirs lorsque la situation l'exigeait et qu'ils se sentent par ailleurs libres de faire ce qui leur plaisait lorsque les circonstances s'y prêtaient. Je n'ignorais pas que la maîtrise de soi reste la meilleure forme d'autorité que l'on puisse exercer. Mais comment pouvais-je inculquer ce principe à mes chiens ?

Au lieu de leur mettre une laisse et de les laisser bondir à gauche et à droite comme des fous, je songeai de nouveau à calmer leur ardeur dès le départ. Comme je le faisais de plus en plus à présent, j'essayai de voir s'il n'y avait pas l'équivalent chez les loups. Je découvris effectivement que le couple alpha laissait les autres loups s'ébattre quelques instants jusqu'à ce qu'ils s'apaisent, après quoi les loups dominants étaient en mesure de mener la bande à la chasse de façon disciplinée. Aussi, la première fois que je rassemblai les chiens pour les mener à la balade, je ne fis rien pour calmer leur excitation. En songeant aux usages en vigueur chez les loups, je compris que les chiens ont besoin de se stimuler pour faire grimper leur taux d'adrénaline au cours de ce qui constitue pour eux le prélude à la chasse. Je tentai non pas de contrarier leurs instincts mais, au contraire, d'aller dans leur sens.

Après leur avoir mis leur laisse, je ne fis rien cette fois. Je me contentai de rester debout à attendre, impassible, calme et silencieuse avant de me diriger vers la porte. Encore une fois, la force tranquille qui émanait de moi eut l'effet escompté : mes chiens finirent par s'apaiser tout seuls. Mais je découvris, au moment de nous mettre en route, qu'il me fallait continuer de leur montrer qui était le chef. Auparavant, comme bien des propriétaires de chiens, je me faisais tirer comme un boulet le long du parcours ; je n'ai jamais vraiment apprécié ce genre d'expérience. J'ai toutefois compris que, si je me contentais d'attendre patiemment chaque fois que pareille séance de dragage commençait, j'obtenais des résultats remarquables. Ils se rendaient vite compte qu'ils n'allaient nulle part ; l'un après l'autre, ils cessaient alors de tirer sur leur laisse pour tourner leurs regards dans ma direction. C'était la première fois qu'ils se comportaient de la sorte, et cela suffit à m'encourager à poursuivre dans cette voie. Je venais de remporter une importante épreuve de force.

Je me suis alors demandé si cette méthode pourrait fonctionner si je les détachais. Par le passé, en pareil cas, ils se dispersaient aux quatre vents et n'entendaient plus mes appels que de manière sélective : en certaines occasions, ils revenaient me trouver sans problème ; mais, dans bien des cas, si un lièvre ou un autre chien détournait leur attention, j'avais beau m'égosiller, seul l'écho me répondait à travers champs. J'ai parfois vu certains chiens recevoir une sévère correction quand ils se décidaient enfin à rejoindre leur propriétaire en colère. J'ai toujours cru que cette façon de faire envoyait un message équivoque à l'animal : à sa place, sachant ce qui m'attend, j'hésiterais à retourner vers mon maître ! Si vous avez jamais tenté d'attraper votre chien dans le dessein de le réprimander, vous n'ignorez pas que votre compagnon est en mesure de vous épuiser à ce petit jeu : il attend d'être à votre portée pour mieux s'enfuir de nouveau !

Une fois de plus, c'est en observant les loups que je trouvai la solution à ce problème. Sachant que le loup dominant est celui qui dicte au reste de la bande ce qu'elle doit faire au moment de la chasse, je décidai de considérer les choses du point de vue de mes chiens. Si un chien est persuadé d'être un alpha, il juge qu'il est de sa responsabilité de guider les autres. Par conséquent, s'il considère son maître comme un membre subordonné de la meute, il n'est pas dans les attributions de ce dernier de rappeler ses chiens mais plutôt de les suivre. Encouragée par les résultats positifs que j'avais obtenus précédemment, je décidai de montrer à mes chiens que j'étais celle qui les conduisait à la chasse, même lorsqu'ils étaient sans laisse.

Je ne tenais pas particulièrement à mettre cette dernière hypothèse en pratique au milieu des champs ; aussi ai-je décidé de le faire dans mon jardin, qui, heureusement pour moi, était d'assez bonne dimension. En faisant venir mes chiens au pied et en les récompensant chaque fois qu'ils se montraient obéissants, j'évitais de semer dans leur esprit le genre de confusion qui survient lorsqu'un maître réprimande son chien si celui-ci tarde à réagir. Exception faite de Kim, le beagle, tous comprirent rapidement la leçon. Une fois, celui-ci avait choisi de fureter à gauche et à droite plutôt que de m'obéir. Frustrée devant son manque de réaction, je me suis dirigée vers la maison avec la ferme intention de le laisser dehors. Au moment où j'allais franchir le seuil de la porte, je fis demi-tour et aperçus Kim qui courait ventre à terre pour rentrer lui aussi. Cela m'a donné une idée. Désormais, si Kim refusait de venir au pied quand je le lui demandais, je pivotais sur moi-même et me dirigeais vers la maison. Aussitôt, Kim se lançait à mes trousses. Les chiens sont, par nature, des animaux qui vivent en meute. S'ils ont le choix de rester seuls ou de rallier le groupe, ils optent à tout coup pour la deuxième solution.

Je venais de faire un pas de géant. On eût dit que je tenais mes chiens par une laisse invisible. La différence était énorme : environ une semaine plus tard, ils pouvaient profiter de leur liberté comme auparavant, à ce détail près qu'ils ne s'éloignaient jamais trop de moi. Et ils acceptaient instantanément les instructions sommaires que je leur donnais dès que je voulais les regrouper pour rentrer. Inutile de préciser que j'en étais extrêmement ravie.

Je ne voudrais pas donner au lecteur l'impression que ce fut facile et que tout se mit en place instantanément : ce fut loin d'être le cas, je vous assure. Certaines de mes idées n'ont tout simplement rien donné de bon. Je découvris notamment que toute tentative de combiner ces nouveaux exercices aux anciennes techniques de dressage causait plus de tort que de bien. Ainsi, au moment où je songeais à utiliser les accessoires normalement adaptés au dressage des chiens (claquette, muselière, etc.), je me suis rendu compte que tout cela n'avait plus aucun sens. Et si moi j'étais confuse à l'idée de m'en servir, imaginez quelle serait la réaction de mes chiens!

Je suis consciente aujourd'hui que je réfléchissais comme un être humain et que je compliquais inutilement les choses. Je n'arrêtais pas de me dire: «Ça ne peut pourtant pas être aussi simple, il doit bien y avoir autre chose.» En conséquence, je cherchais de midi à quatorze heures. Mais, peu à peu, j'ai commencé à entrevoir que les choses étaient effectivement toutes simples. J'aurais beaucoup plus de succès si je persistais à adopter le point de vue du chien plutôt que celui de l'homme. D'ailleurs, depuis quand un chien se sert-il de colliers, de laisses ou de claquettes pour mener ses congénères? À partir de là, j'ai décidé de ne plus jamais utiliser d'accessoires de fabrication humaine pour dresser un chien.

J'appliquais ces nouveaux principes avec succès depuis deux ou trois mois, mais quelque chose en moi me disait que j'étais encore loin d'avoir tout compris. Mes chiens me fournissaient jour après jour les informations qui me permettaient, à force d'essais et d'erreurs, de perfectionner ma méthode. Mais ces derniers ne furent pas à l'origine de la découverte capitale que je fis par la suite. Ce fut plutôt le souvenir de Donna, la «Duchesse», qui me servit de nouveau de déclic.

J'avais toujours jugé opportun de régaler mes chiens, une fois par semaine, avec une portion d'os bien frais. Quand Donna vivait encore avec moi, le même rituel se répétait chaque fois que je déposais les os sur le sol. De sa démarche impériale, elle entrait silencieusement dans la pièce et tous les autres chiens reculaient aussitôt. Donna reniflait les os, s'emparait des plus appétissants d'entre eux puis s'éloignait. Ce n'est qu'alors que les autres se lançaient à la curée. Le même principe de leadership que je connaissais à présent était à l'œuvre. Le chien qui semblait en faire le moins était celui qui obtenait ce qu'il voulait. Je songeai par conséquent à utiliser ces instants où je leur servais leur pâtée pour renforcer mon autorité sur mes chiens. Il ne s'agissait pas là d'un concept entièrement nouveau en soi. À l'époque de mes études en psychologie, j'avais lu que le fait de manger en présence de son chien revêtait une grande importance. Pour les behavioristes, il s'agit là d'un moyen tout simple de lui montrer que vous êtes son maître. Cette idée s'accordait parfaitement avec ce que j'avais pu vérifier en observant certains animaux, dont les lions et, bien sûr, les loups, lorsqu'ils mangeaient ensemble : l'animal dominant est celui qui se sert en premier.

Tout en étant d'accord avec la théorie sur ce point, je désapprouvais la façon de faire qu'elle avait inspirée aux behavioristes. Ces derniers suggéraient d'imposer un ordre hiérarchique aux chiens au cours du souper. En vertu de cette approche, les chiens étaient censés assister aux ripailles de leur maître avant d'avoir droit à leur propre repas. Pareille méthode donnait certes d'excellents résultats, mais elle ne me plaisait pas à bien des égards. Il faut savoir en premier lieu que les propriétaires de chiens nourrissent ces derniers à toute heure du jour. D'ailleurs, dans les refuges pour animaux, on les nourrit généralement le matin. L'attente me paraissait donc trop longue. Je voyais mal comment, dans la nature, des animaux sauvages se contenteraient de manger en fin de journée. Les loups sont des opportunistes et non pas des gloutons. Ils attrapent un lièvre, un oiseau ou toute autre proie qui passe à leur portée et qui est susceptible de les sustenter, mais ils ne se prélassent pas toute la journée : leur priorité est de se nourrir.

Mais je voyais surtout cette façon de faire comme une forme de cruauté envers les chiens. Mettez-vous à leur place : vous n'avez rien avalé de la journée et voilà que votre maître s'installe pour manger son repas pendant que vous devez attendre patiemment. Il y a de quoi devenir enragé ! Cela remet peut-être un chien à sa place, mais ce n'est certainement pas très aimable envers lui. Je savais que l'heure de la pâtée m'offrait d'énormes possibilités en tant que moyen de renforcer mon autorité sur mes chiens, mais je n'avais nullement l'intention de prendre mon petit-déjeuner ou mon dîner devant eux. Il me fallait donc trouver une autre façon de procéder, une méthode originale qui donnerait les mêmes résultats.

Je commençais à soupçonner qu'un message éclair, faisant appel à leurs réactions instinctives, serait plus approprié dans la mesure où les chiens n'ont pas la notion du temps. Je m'étais rendu compte à plusieurs reprises qu'un simple geste peut parfois servir à véhiculer un grand nombre d'informations. Un jour, la solution m'est clairement apparue : avant de leur préparer leur pâtée, j'avais mis un craquelin dans une assiette. J'avais déposé leurs gamelles sur un comptoir et les avais remplies. Je pris alors le biscuit et le portai ostensiblement à ma bouche en leur faisant croire qu'il provenait de leurs bols. Je me mettais à leur place : en leur donnant l'impression de manger leur pitance, je passais à leurs yeux pour le chef de la meute.

Je ne cherchais pas à les corriger en pareille occasion. L'heure des repas ne posait aucun problème particulier, bien au contraire. C'était le moment où je pouvais obtenir toute leur attention et où ils étaient le plus sages. Chacun avait droit à sa propre gamelle et les différents bols étaient éparpillés dans la cuisine et le long du couloir. Chacun avait son emplacement réservé et, hormis le fait qu'ils avaient coutume d'aller trouver leur voisin une fois que leur gamelle était vide, ils se comportaient à merveille. Mon seul objectif était donc de renforcer le message que je tentais de leur transmettre en d'autres circonstances.

Ils ont vite compris que quelque chose avait changé. Je me rappelle qu'ils me regardaient d'un air étrange, essayant de deviner ce que j'avais en tête. Au début, ils firent leur cinéma habituel. Ils sautèrent dans les airs et gémirent quelque peu, mais ils se sont vite pliés à ce nouveau rituel et ils ont attendu patiemment que j'aie fini mon craquelin. Ils acceptaient apparemment l'idée que je devais me servir en premier. Lorsque je posai leurs gamelles par terre, ils mangèrent avec un contentement évident. Il n'y eut pas de changement majeur ce jour-là, mais je n'en espérais pas tant. Toute la scène ne fit que confirmer que j'étais devenue leur chef et que j'avais plus d'un tour dans mon sac pour le rester. Mais le plus agréable dans cette histoire, c'est que j'avais réussi mon coup en adoptant leur point de vue.

Je conviens que j'étais plutôt satisfaite de moi-même à cette étape. Mais la vie trouve toujours le moyen de vous remettre à votre place. Peu après, en effet, j'étais frappée par un dur coup du sort. J'avais déjà perdu Sandy au cours de l'été 1992, et voilà que mon Khan bien-aimé me quittait à son tour en février 1994. Ce fut un choc pour moi. Plus que tous mes autres chiens, Khan était demeuré fidèle à mes côtés tant dans les bons que dans les durs moments de mon existence. Il ne me restait plus que Sasha, le berger allemand, et Kim, le beagle. Les chiens que je venais de perdre me manquaient terriblement. Il fallut la venue d'un nouvel animal pour que se concrétisent enfin les idées que j'avais tenté de développer jusque-là.

Chapitre 5

....

Le premier test véritable

Quelques semaines après le décès de Khan, je me rendis au refuge pour animaux de ma région. Je venais y voir le patron, un ami à moi; ma visite n'avait donc rien à voir avec les chiens. Nous devions aller au cinéma, si je me souviens bien. Comme il était occupé, j'entrepris de faire le tour du chenil en l'attendant. C'est alors que j'ai assisté à une des scènes les plus navrantes dont j'aie jamais été témoin. Dans une des cages se trouvait un pauvre petit jack russell tout décharné. Je connaissais ces terriers de réputation: ils avaient tendance à mordre les chevilles des gens et à être agressifs, et ils n'étaient de ce fait guère appréciés des éleveurs. Mais il était impossible de rester insensible au sort de cet animal. Il tremblait de tous ses membres, et pas seulement parce qu'on était en hiver et qu'il faisait froid ; je voyais la peur inscrite dans son regard.

J'ai vite su sa triste histoire. On l'avait découvert abandonné, attaché à un bloc de ciment. N'ayant pas mangé pendant des jours, il était devenu tout chétif. Si le refuge ne l'avait pas recueilli, il serait mort à l'heure qu'il est. De toute évidence, ce chien avait beaucoup souffert. En discutant avec une employée, j'appris qu'il cherchait sans cesse à s'enfuir. On craignait par ailleurs qu'il ne morde ses futurs maîtres. L'idée de me procurer un chien était assurément la dernière chose que j'avais en tête en me rendant au refuge. Et pourtant, je rentrai à la maison en compagnie d'un petit être tout frissonnant allongé sur la banquette arrière de ma voiture. J'avais décidé de l'adopter.

Je lui donnai bientôt le nom de Barmie pour la seule raison qu'il avait un comportement un peu bizarre[1]. Une fois à la maison, il se réfugia sous la table de la cuisine. Chaque fois que je passais devant lui, il se mettait à grogner. Mais je ne pouvais qu'éprouver de la sympathie pour lui. Il n'agissait pas ainsi par agressivité, mais parce qu'il était terrifié. Si on m'avait traitée comme il l'avait été, je serais pétrifiée de peur moi aussi.

Je n'avais pas pris Barmie avec moi dans le but de tenter des expériences sur lui, mais j'en suis rapidement venue à la conclusion qu'il allait bientôt me fournir une occasion extraordinaire de mettre mes nouvelles idées à l'épreuve. Jusqu'à présent, j'avais eu affaire à des chiens équilibrés, qui avaient toujours été bien traités. Barmie, lui, n'avait au contraire subi que de mauvais traite-

---

1 *Barmy* signifie « maboul » ou « timbré » en anglais. *(N.D.T.)*

ments. Grâce à lui, je pourrais vérifier les connaissances que j'avais acquises en observant mes chiens et avoir ainsi une vue d'ensemble du tableau. En échange, j'avais espoir de l'aider à oublier son passé mouvementé.

J'avais entre-temps décidé de m'en tenir désormais à cette règle d'or : faire exactement le contraire de ce que les méthodes traditionnelles de dressage recommandent. Je résistai par conséquent à la tentation de me jeter sur Barmie et de l'inonder d'amour et d'affection. Il était si vulnérable à l'époque que cela n'aurait servi à rien. Certains jours, j'aurais aimé le prendre dans mes bras pour le cajoler et lui dire que tout irait bien à compter de maintenant. Je choisis plutôt de ne pas envahir son espace et de le laisser en paix. Il restait donc là sous la table de cuisine, à me lancer un regard furieux, pendant que je continuais de vaquer à mes occupations habituelles.

D'après ce que j'avais lu et appris, il faut environ quarante-huit heures à un chien pour découvrir son nouvel environnement. Puis il faut compter deux semaines avant qu'il trouve sa place dans son nouveau foyer. C'est un peu comme pour un nouvel emploi : il faut un jour ou deux pour y voir clair dans son travail et encore deux semaines pour trouver sa place dans l'entreprise. Je continuai donc dans la même veine pendant les deux premières semaines. Je le laissais faire ses petites affaires dans son coin et, si je devais m'adresser à lui, je le faisais le plus gentiment possible. Je lui jetais un coup d'œil de temps en temps et lui lançais alors : « Bonjour, mon trésor ! » Il agitait sa petite queue presque contre son gré, comme s'il n'avait pu s'en empêcher. On aurait dit qu'il se demandait ce que j'attendais de lui, mais je le laissais de nouveau seul avec lui-même.

La première chose que j'ai tentée avec lui fut de le nourrir adéquatement. Ma technique s'appuyait sur une théorie que j'avais décidé d'expérimenter sur lui. Il représentait un cas idéal dans la mesure où je m'efforçais de lui faire prendre du poids en lui donnant, quatre fois par jour, de petites quantités de nourriture. Le pauvre avait souffert de la faim et ne pesait plus que les deux tiers de son poids idéal. Sa réaction fut immédiate. Assis, les oreilles dressées, il m'observait. Il commençait également à agiter la queue comme si celle-ci avait voulu dire : « Oui, j'en veux ! » Je posais ensuite sa gamelle par terre et je disparaissais de sa vue. Il me regardait m'éloigner, puis il se jetait sur sa pâtée.

Il finit par prendre du poids et, peu à peu, par se sentir en confiance. Il cessa de grogner et commença à sortir furtivement dans le jardin chaque fois que j'étendais le linge. Parfois, quand je m'assoyais, il s'approchait de moi avec beaucoup d'hésitations. Je me gardais bien alors de le toucher ; je me contentais de le laisser me découvrir un peu mieux. Il était encore très sensible. Si j'avais le malheur de lui montrer une laisse, il donnait l'impression de souffrir le martyr. Mais je n'avais pas l'intention de le brusquer et je mis la laisse de côté. Fidèle à mes principes, je le laissais en paix et lui laissais le temps de s'adapter à son nouvel environnement.

Un changement majeur se produisit environ un mois après son arrivée, alors que je jouais à la balle dans le jardin avec Sasha. Le printemps était arrivé et je me souviens que Sasha me rapportait une balle que je lui avais demandé d'aller chercher. Barmie fit soudain son apparition, un anneau ou une rondelle en caoutchouc dans la gueule. Il avait décidé de se joindre à nous. Après avoir constaté que Sasha avait toute mon attention et que nous nous

nous amusions ensemble, il vint me trouver avec son anneau. Je lui demandai de me le donner, ce qu'il fit. Je le pris et le lançai au loin. Il courut le chercher, l'attrapa… et fila tout droit vers la maison, où il se cacha sous le lit.

C'était l'occasion idéale de définir le cadre de nos rapports mutuels et je décidai par conséquent de ne pas lui courir après. Je voulais qu'il se plie à des règles strictes et je continuai donc de jouer avec Sasha. Comme il fallait s'y attendre, il reparut quelques minutes plus tard. Il avait toujours l'anneau dans sa gueule ; je le pris, le lançai au loin et il courut de nouveau le récupérer. Mais, cette fois, il me le rapporta. Je le félicitai et recommençai l'exercice. Il réagit de nouveau adéquatement.

Les chiens, comme les êtres humains, apprennent à leur propre rythme. J'avais affaire ici à un rescapé, à un animal qui avait subi de graves préjudices. Je savais par conséquent qu'il serait lent à faire des progrès. Mais il était enfin sorti de sa coquille et avait repris confiance en ses moyens. Il avait compris que personne ne lui voulait du mal. Il se sentait en sécurité et je pouvais donc poursuivre ce que j'avais commencé avec lui.

Je venais de lui montrer que j'étais disposée à jouer avec lui, mais à mes conditions. J'ai ensuite entrepris de le faire venir à moi. Je gardais à l'esprit que les chiens, comme les humains, sont égoïstes de nature. Peut-être s'agit-il chez eux d'une question de survie ou peut-être est-ce par goût du jeu, mais toujours est-il que les chiens sont motivés par cette question : « Pour quelle raison ferais-je ce qu'on me demande ? » Je repris à mon compte le concept de stimulus et récompense, développé par B.F. Skinner et les behavioristes, et j'y adjoignis certains principes que j'avais déduis en observant le comportement des loups. Le loup dominant n'étant pas seulement le détenteur de l'autorité, mais aussi le pourvoyeur de la bande, je me devais également de jouer ces deux rôles. En conséquence, quand j'appelais Barmie, j'avais toujours une friandise à la main. Les choses se passaient très bien, à tel point que je m'aventurai bientôt à le caresser. Sachant combien il avait été susceptible à son arrivée chez moi, cet instant était crucial. Lorsqu'il a réagi favorablement à cette marque d'affection, j'en ai eu les larmes aux yeux. Depuis quand n'avait-on pas manifesté autant de sympathie à son égard? me demandais-je.

J'ai mesuré le chemin que j'avais parcouru au moment où j'ai commencé à le cajoler. J'ai remarqué que Barmie baissait subitement la tête chaque fois que je tentais de lui caresser la nuque. Les chiens hébergés au refuge des animaux, où j'avais passé quelque temps en leur compagnie, en faisaient tous autant. Mes chiens, eux, n'en faisaient rien et je me demandais pourquoi Barmie agissait de la sorte. Mes recherches me permirent de découvrir que la nuque est la partie la plus vulnérable chez bon nombre d'espèces, y compris l'homme. Quelles sont les personnes que nous autorisons à nous toucher à la tête et au cou? Uniquement ceux de nos proches en qui nous avons confiance. Les combats de chiens ne deviennent violents que lorsque l'un d'eux cherche à sauter à la gorge de l'autre. Ce qui me fit me souvenir de certains propos qu'avait tenus Monty Roberts. Selon lui, si un animal a confiance en vous, il vous permettra de le toucher même là où il est le plus vulnérable. Une telle marque d'abandon confirme en quelque sorte votre ascendant sur lui et constitue pour lui une manière d'admettre que vous avez droit de vie ou de mort sur lui. Le fait de lui laisser la vie sauve contribue à renforcer votre autorité sur lui. Je me suis alors rendu compte à quel point mes chiens me faisaient confiance, avec quelle efficacité j'avais réussi à les persuader que j'étais leur chef et qu'ils pouvaient mettre leur vie entre mes mains. Cette constatation me remplit d'une vive émotion.

Mes autres chiens, à commencer par Sasha et Donna, m'avaient beaucoup appris. Mais c'est encore Barmie qui fut de loin mon meilleur professeur en me permettant de donner corps à mes idées. Il m'a fait comprendre que je ne pourrais rien obtenir de lui tant qu'il ne se sentirait pas à l'aise et en sécurité et tant qu'il ne me ferait pas entièrement confiance. Il n'avait plus peur, il ne souffrait plus ; il était disposé à apprendre parce que tel était son désir et parce qu'il avait foi en moi. Il m'a aussi aidé à voir que ma méthode ne pourrait être efficace que si ses divers éléments constitutifs étaient utilisés conjointement et formaient un tout cohérent.

Les événements des derniers mois m'avaient stimulée et comblée au plus haut point. J'étais stupéfaite de voir à quel point mes chiens étaient devenus calmes et sereins. Plus je prenais les choses en main, plus mes chiens s'en remettaient à moi et étaient disposés à agir selon mes désirs. Et, ce qui n'enlevait rien à l'affaire, je n'avais nullement besoin de recourir aux mesures coercitives des méthodes traditionnelles de dressage. J'avais réussi à démontrer ce que je pressentais depuis longtemps déjà, à savoir que je pouvais inciter mes chiens à agir selon mon bon vouloir parce que tel était leur désir et non parce que c'était pour eux une obligation.

Comme j'aurais pu le prévoir, les réactions de mon entourage furent moins aimables. J'avais commencé à parler ouvertement de ce que je croyais avoir accompli, mais l'accueil réservé à mes idées fut plutôt mitigé. Certains souriaient gentiment, hochaient lentement la tête et me regardaient en ayant l'air de penser que je déraillais complètement. D'autres exprimaient plus nettement leur opinion. «Ce que vous faites là est cruel» ou «Toi et tes idées stupides», me lançaient-ils sur un ton réprobateur. N'étant pas faite en bois, j'avoue que leurs propos m'ont cruellement blessée. J'en suis même arrivée à me dire : «Pourquoi me donner tant de peine et tant de soucis?» Je repensai à Monty Roberts. Encore gamin, il s'était fait rouer de coups par son père pour avoir essayé de mettre ses idées en pratique. Plus tard, pendant près de quarante ans, il avait dû subir le mépris et les moqueries du monde hippique. S'il avait réussi à tenir le coup, je pouvais très certainement en faire autant. Ce ne fut pas une surprise totale pour moi de constater que Wendy figurait au nombre des personnes qui me soutenaient malgré tout dans mes démarches. Il est vrai qu'elle m'avait permis de faire la connaissance de Monty Roberts, qui, lui, ne ménageait pas ses encouragements à mon égard. Wendy s'est efforcée d'appliquer à ses propres chiens la méthode que j'avais mise au point, et elle obtenait des résultats encourageants. Elle m'invita à ne pas lâcher et à persévérer dans la voie que j'avais choisie.

Peu à peu la nouvelle de mes prouesses se répandit et des gens vinrent bientôt me demander de les aider à soigner leurs chiens à problèmes. Je commençai à faire des visites à domicile et à appliquer à ces animaux les techniques que j'avais apprises. On ne croit jamais si bien que ce que l'on voit. D'un foyer à l'autre, les chiens changeaient immédiatement d'attitude. Ils se sentaient visiblement libres de modifier leur comportement et heureux de l'avoir fait, et ce volontairement. Je détenais un pouvoir énorme, mais je n'en étais que plus humble devant ce privilège qui m'était accordé.

Six ans plus tard, j'avais traité des centaines de chiens. La technique que j'ai développée pour communiquer avec eux a contribué à améliorer sensiblement leur comportement. J'en suis rendue au point où, si un maître se conforme à mes instructions, son compagnon agira selon le bon vouloir de cette personne. Les principes que j'ai établis au cours de ces heures passionnantes forment aujourd'hui la base de mon enseignement. Vous les trouverez exposés à compter du prochain chapitre.

Sasha,
heureuse
et détendue

Sasha
montrant
des signes
de respect

Sasha
montrant
des signes
d'anxiété

Chapitre 6

....

Comment imposer son autorité

Q ui serait mieux placé que moi pour apprécier l'intelligence des chiens? Je me demande même par moment s'ils ne sont pas plus sensés que certaines personnes qu'il m'a été donné de rencontrer! Il existe pourtant une chose qui demeure hors de leur portée. Force m'est d'admettre, en effet, que les chiens ne pourront jamais apprendre le langage des humains. Avec comme inconvénient qu'il nous faut bien apprendre leur langage si nous voulons réellement communiquer avec eux. Pareille démarche exige de garder l'esprit ouvert et de faire preuve de ménagement à l'endroit des chiens. Quiconque considère son chien comme un être inférieur n'obtiendra aucun résultat valable. Il n'a d'autre choix que de respecter ce dernier.

Il est toutefois rassurant de savoir que, contrairement aux hommes qui s'expriment dans une multitude de langues et de dialectes différents, les chiens parlent un seul et même langage universel. Il s'agit d'un langage silencieux, certes, mais très efficace, fondé sur certains principes simples – bien que comportant quelques variantes subtiles – et qui influence le comportement de tous les chiens. Pour comprendre les bases de ce langage, il importe en premier lieu de mieux connaître la société au sein de laquelle tous les chiens sont persuadés d'évoluer. Et le meilleur modèle de cet univers canin reste encore la bande de loups.

Le chien moderne n'a, en termes de style de vie et d'apparence, plus rien de comparable avec son ancêtre lointain. Mais des siècles d'évolution n'ont toutefois pas réussi à le débarrasser de ses instincts primaires. Le chien ne vit peut-être plus en bandes comme le loup, mais les instincts du loup continuent de vivre en lui. Or, deux forces extrêmement puissantes sont à l'œuvre chez les loups, à savoir l'instinct de survie et l'instinct de reproduction. Le loup est en mesure d'atteindre ces deux objectifs (assurer sa survie et se reproduire) grâce à un système hiérarchique aussi efficace et rigoureux que ceux que l'on retrouve habituellement dans le règne animal. Les meutes comportent toutes des loups dominants et des loups subalternes. Et au sommet de la hiérarchie se trouvent les chefs suprêmes, à savoir le couple alpha.

Parce qu'il est formé des loups les plus forts, les plus vigoureux, les plus intelligents et les plus expérimentés, le couple alpha a pour fonction d'assurer la survie de la bande. En conséquence, ceux-ci dominent le reste du groupe et lui dictent ses règles de conduite. Ils se maintiennent en place en faisant constamment la démonstration de leur autorité. Ceci est confirmé par le fait qu'ils sont les seuls membres de la bande à se reproduire. Les humains ont quant à eux mis en place un système de gouvernement qu'ils estiment être plus démocratique. Il n'empêche que je me demande parfois qui, des loups ou de nous, a pris la mauvaise direction. Jusqu'à quel point avons-nous confiance en nos leaders ? Combien d'entre nous les avons rencontrés ne serait-ce qu'une fois dans leur vie ? Au sein de la meute, aucun doute ne subsiste sur les capacités des loups qui en dirigent les destinées. Le couple alpha régente tous les aspects de la vie du groupe et le reste de la meute accepte immanquablement cette domination. Chaque membre subalterne se satisfait de la place qu'il occupe et du rôle qu'il joue au sein de cette hiérarchie. Chacun est heureux de savoir qu'il a une fonction vitale à remplir et qu'il contribue ainsi au bien-être général.

L'usage de rituels vient sans cesse renforcer l'ordre établi. La vie mouvementée de la bande (les loups dominants et leurs subordonnés sont souvent tués ou remplacés par de plus jeunes) rend ces rites indispensables. Il en subsiste quatre chez les descendants modernes des loups primitifs ; ils constituent la clé qui permet de comprendre lesquels de leurs instincts les poussent encore et toujours à agir. La compréhension de ces mœurs est essentielle à l'intelligence de ce qui suit.

Il n'est pas étonnant de constater que le couple alpha assure le plus nettement sa domination au moment de la chasse et au moment de se nourrir. Le besoin le plus fondamental de la meute reste de se ravitailler : après tout, sa survie même dépend de la satisfaction de ce besoin. Parce qu'ils sont les plus forts, les plus intelligents et les plus expérimentés de la horde, les membres du couple alpha prennent les choses en main au moment d'explorer de nouveaux territoires de chasse. Si une proie est repérée, ce sont eux qui se lancent les premiers à sa poursuite et veillent à sa mise à mort. Leur rôle décisionnel n'est jamais aussi évident que durant ce processus. Les animaux que chassent les loups vont de la souris au bison, en passant par l'élan et l'orignal. Une meute peut passer des heures à traquer sa proie avant de pouvoir la coincer et l'abattre, parcourant ainsi jusqu'à quatre-vingts kilomètres. Mener à bien une telle opération demande beaucoup de détermination, un sens tactique aigu et de grandes capacités d'organisation. Il appartient au couple alpha de faire preuve du leadership nécessaire à la bonne marche des opérations, tout comme il appartient au reste de la bande de suivre les directives et de soutenir les efforts du groupe.

Une fois que les loups ont abattu leur proie, le couple alpha a la préséance absolue lorsque vient le moment de manger sa dépouille. Après tout, la survie du groupe est fonction de la capacité des loups dominants de se garder au sommet de leur forme. Ce n'est que lorsque ceux-ci, une fois repus, signalent aux autres qu'ils ont terminé leur repas que le reste de la meute a l'autorisation de se nourrir à son tour, et encore, selon un ordre hiérarchique strict : les plus anciens en premier, les plus jeunes en dernier. Au moment du retour au camp, les louveteaux et leurs gardiennes se nourriront des aliments régurgités par les chasseurs. Cet ordre hiérarchique inviolable est respecté de façon absolue. Les loups réagissent de manière agressive à l'endroit de celui de leurs congénères qui tente d'enfreindre la règle établie. Un loup dominant n'hésitera d'ailleurs pas à attaquer un de ses proches si ce dernier se risque à faire fi du protocole et à passer devant les autres.

En échange du respect dont les autres loups font preuve à son égard, le couple alpha assume l'entière responsabilité du bien-être du groupe. Si un péril menace, il lui appartient également d'assurer la protection de la meute. Il s'agit du troisième cas où l'ordre hiérarchique est respecté scrupuleusement. Les loups dominants jouent leur rôle sans ciller en se rendant les premiers sur le front. Face au danger, ils adoptent l'un ou l'autre des trois comportements suivants : ils prennent la fuite, feignent d'ignorer la menace ou agressent l'assaillant. Quelle que soit la réaction du couple alpha, le reste de la horde le soutiendra quoi qu'il arrive.

Le quatrième rituel a lieu lorsque les membres du groupe se retrouvent après avoir été séparés. Pendant que la bande se rassemble, les loups dominants dissipent tout doute quant à leur rôle de leaders en envoyant des messages clairs à ce sujet. Le couple dominant dispose de son espace personnel – ou zone de confort, si l'on veut – à l'intérieur duquel il peut manœuvrer à l'aise. Aucun autre loup n'est autorisé à empiéter sur ce territoire privé à moins d'y avoir été invité. En acceptant ou en refusant qu'un membre subalterne pénètre dans leur espace réservé, les loups dominants réaffirment ainsi leur autorité sur le groupe, sans même avoir à faire preuve de cruauté ou de violence.

Même si nous les considérons comme des animaux de compagnie, nos chiens n'en demeurent pas moins persuadés d'appartenir à un ensemble qui fonctionne suivant des principes hérités directement des loups. Que la « meute » dont il est membre se compose de lui-même et de son maître ou d'un groupe d'êtres humains et d'autres animaux, il n'en demeure pas moins que le chien se perçoit en tant que partie intégrante d'un groupe social au sein duquel règne un ordre hiérarchique qui doit être respecté en tout temps. Qui plus est, tous les problèmes que l'on rencontre avec les chiens proviennent de ce qu'ils sont fermement convaincus que ce sont eux, et non leurs maîtres, les chefs véritables de leur meute respective.

Dans nos sociétés modernes, nous considérons les chiens comme des animaux de compagnie auxquels nous prodiguons soins et nourriture, sans qu'il leur soit nécessaire de s'en charger eux-mêmes. Voilà pourquoi il importe de ne jamais leur laisser la responsabilité normalement dévolue aux chefs de meute, car ils seraient alors incapables de prendre les décisions qui s'imposent. Une telle responsabilité leur cause des pressions énormes qui sont à l'origine des problèmes de comportement que j'observe généralement.

Au cours de ces dernières années, les nombreux chiens que j'ai eu à traiter souffraient de symptômes divers : ils mordaient, aboyaient, se lançaient à la poursuite des bicyclettes, etc. Or, dans chacun de ces cas, le nœud du problème se trouvait dans le fait que le chien avait une conception fausse de sa place au sein de la meute. Et, dans chaque cas, j'ai entrepris de soigner le chien perturbé en entrant d'abord en contact avec lui. Je n'ai jamais dévié de cette pratique que je considère comme absolument fondamentale.

Cette méthode se compose de quatre éléments distincts, qui correspondent aux quatre temps forts déjà mentionnés où l'ordre hiérarchique est établi et renforcé au sein de la meute. À chacune de ces occasions, le chien est aux prises avec un problème que nous devons solutionner pour lui :

- Qui sera le chef lorsque les membres de la meute se retrouvent après avoir été séparés ?
- Qui se chargera de protéger la meute si elle est attaquée ou qu'une menace pointe à l'horizon ?
- Qui sera le meneur lorsque la meute va à la chasse ?
- Selon quel ordre hiérarchique les membres de la meute vont-ils se nourrir ?

Ma méthode est de type holistique : ses quatre composants doivent s'imbriquer l'un dans l'autre et ils doivent être mis en pratique conjointement, jour après jour. Il faut en quelque sorte bombarder le chien de messages à son intention. Il doit apprendre qu'il n'est pas de son ressort de veiller au bien-être de son maître ou de s'occuper de la maison : tout ce qu'il a à faire est de s'asseoir confortablement et de profiter de la vie. Il s'agit en quelque sorte d'un mantra qu'il convient de lui répéter sans cesse. Ce n'est qu'à ce prix que votre chien finira par comprendre que ce n'est pas lui le chef et qu'il sera alors en mesure de réaliser le plus grand des exploits : se dominer lui-même. Le jour où il y parviendra, votre tâche, qui consiste à l'aider à résoudre ses problèmes particuliers, en sera d'autant facilitée.

Les retrouvailles : la règle des cinq minutes

La première exigence de ma méthode consiste à exercer son leadership au quotidien, chaque fois que le propriétaire et son chien se retrouvent ensemble après avoir été séparés. La plupart des gens croient que de telles retrouvailles n'ont lieu qu'à quelques reprises durant la journée, soit lorsqu'ils rentrent du boulot ou de faire des courses. En réalité, au cours d'une même journée, un chien et son maître peuvent être séparés en de nombreuses occasions.

Essayez de voir votre chien non comme un adorable animal de compagnie mais comme le chef d'une bande de loups qui cherche à vous protéger et qui est d'une fidélité à toute épreuve. Par conséquent, chaque fois que son maître quitte la maison ou quitte une pièce pour se rendre soit au jardin soit aux toilettes, le chien s'imagine que la personne dont il a la charge quitte le giron protecteur. Si un humain connaît généralement la durée de son absence, il n'en va pas de même pour le chien. Pour ce dernier, il n'est pas exclu que son protégé ne revienne jamais et qu'ils ne se revoient plus. Il s'ensuit que le chien enclenchera le rituel visant à confirmer son leadership chaque fois que la personne confiée à sa garde refera son apparition, que ce soit huit heures ou huit secondes après leur séparation. Pour corriger le tir, vous devez chaque fois vous comporter comme un vrai chef de meute est censé le faire, c'est-à-dire en ne prêtant aucune attention à votre compagnon.

Tous les chiens agissent selon un rituel établi lorsqu'ils retrouvent leur maître. Ils sautillent en tous sens, aboient, donnent des coups de langue ou rapportent des jouets. Quel que soit le comportement votre chien à ce moment-là, il est capital que vous fassiez comme si de rien n'était, à défaut de quoi il aura l'impression que vous lui avez rendu hommage ou qu'il a su attirer votre attention. Bref, il aura obtenu ce qu'il voulait : être confirmé dans son rôle de chef. Même si vous vous contentez de vous retourner pour lui dire d'arrêter, vous lui permettez d'atteindre son objectif. La seule chose à faire en pareil cas est de n'avoir aucune interaction avec lui : pas de contact visuel, pas de conversation, pas de contact physique, si ce n'est pour le repousser délicatement. Vous vous devez de ne RIEN faire.

Même si l'animal est agressif ou agité, il mettra tôt ou tard fin de lui-même à ce rituel et s'éloignera. Dans la plupart des cas, il prendra quelques minutes pour évaluer la situation. Il se peut qu'il revienne à la charge en adoptant de nouveau le même stratagème. Si c'est le cas, n'y prêtez pas attention. Il se trouve que le chien perçoit qu'un changement fondamental vient de se produire. Il recommence le même manège dans le seul espoir de trouver un défaut dans la cuirasse de l'aspirant leader. Certains chiens répètent le même rituel jusqu'à une douzaine de fois avant d'abandonner la partie. Mais, d'une fois à l'autre, leurs protestations vont en s'atténuant. À la fin, leurs aboiements sont à peine audibles. La chose essentielle à retenir, c'est qu'il n'y a rien à faire tant que dure ce cirque. Il est futile de tenter prématurément d'amener votre chien à collaborer avec vous.

Celui-ci vous signalera qu'il a abandonné toute résistance lorsqu'il se calmera, s'éloignera de vous ou s'allongera par terre. Il s'agit là du premier signe qui indique aux propriétaires que leur chien les voit et perçoit leurs rapports sous un nouveau jour. L'attitude pleine d'égards du chien est le signe qu'il respecte l'espace personnel de son maître. La partie est loin d'être gagnée, mais une étape importante vient d'être franchie.

À présent, il importe de savoir que rien ne doit survenir avant au moins cinq minutes. Il est possible d'accorder plus de temps à l'animal, si on le souhaite, mais il ne faut sous aucun prétexte tenter quoi que ce soit avant que ces cinq minutes ne soient écoulées.

Durant ce « temps mort », vous devriez simplement continuer de vaquer à vos occupations habituelles. Certains propriétaires ayant tendance à s'impatienter, je vous suggère, si vous n'avez aucune autre idée en tête, de vous préparer un thé ou un café. Le temps s'écoulera de lui-même. Cette pause vise à permettre au processus silencieux de destitution du chien de se déclencher. Vous invitez en ce faisant votre chien à réfléchir à ce qui vient de se passer. Vous lui laissez le temps de comprendre que deux choses sont survenues : premièrement, que son rituel n'a provoqué aucune réaction et, deuxièmement, qu'il y a quelque chose de changé dans vos rapports avec votre compagnon de meute. Une modification subtile de l'ordre hiérarchique vient de se produire.

Certains chiens ont l'esprit plus vif que d'autres. Le temps de compréhension de chacun varie d'un animal à l'autre. Mais, d'après mon expérience, cinq minutes suffisent pour qu'un chien assimile le message qui vient de lui être transmis. Si, au cours de ce laps de temps, votre chien vient vous trouver sans que vous l'y ayez invité, ne vous occupez pas de lui. S'il vient s'asseoir sur vos cuisses, chassez-le sans mot dire. Il ne faut pas lui permettre de réclamer quoi que ce soit.

Agir de la sorte peut parfois représenter un énorme défi, surtout si l'animal est de taille. Mais vous vous devez de demeurer inflexible. Si vous êtes debout et que votre chien se précipite sur vous, bloquez son mouvement à l'aide de votre corps et détournez-vous de lui. S'il saute dans les airs et pose ses pattes de devant sur vos cuisses, vous devez – en silence ! – placer une main sur son poitrail et le rabattre doucement au sol. Vous ne devez en aucun cas l'écarter d'un geste brusque ou prononcer une parole. (Je n'insisterai jamais assez sur ce dernier point.) Le seul fait de dire «Couché!» suffit à faire savoir à l'animal qu'il a gagné la partie et qu'il a attiré votre attention. Une fois les cinq minutes écoulées, il est temps d'entrer en rapport avec lui. Mais vous devez le faire de manière à renforcer votre autorité nouvellement acquise.

J'entends souvent que cette façon d'agir constitue une forme de cruauté à l'endroit des animaux. Je réponds invariablement ceci à ce genre de critique : en fondant ma relation avec le chien sur de bonnes bases, je suis en mesure de mieux apprécier sa compagnie. En m'octroyant de cette façon du temps pour vaquer à mes occupations sans être dérangée, je m'assure d'avoir des rapports de qualité chaque fois que je passe du temps avec mes chiens. Et tous les propriétaires de chiens peuvent en faire autant dès le départ. Je ne veux pas dire par là que vous devez dès à présent cesser de vous occuper de votre compagnon ; rien ne vous empêche en effet d'être aux petits soins avec lui et de le cajoler quand bon vous semble, mais aux conditions que *vous* avez décidées. Votre chien n'en sera que plus heureux dans la mesure où il ne subsistera aucun doute dans son esprit sur qui prend soin de qui.

L'appel

Une fois les cinq minutes écoulées, vous pouvez de nouveau établir le contact avec votre compagnon, mais selon les nouvelles règles du jeu qui viennent d'être établies. Le premier exercice que je recommande consiste à obliger le chien à venir sur ordre de son maître. Il est basé sur deux principes simples : demande et récompense. Le terme «demande» est volontairement utilisé à la place de «commandement» ou «ordre» parce qu'il est ici question de communication dans les deux sens. N'oubliez pas que nous devons créer une situation dans laquelle votre chien agit de son propre gré. Nous voulons qu'il décide librement que vous serez dorénavant son chef de meute.

Souvenez-vous de toujours établir un contact visuel avec votre chien et de toujours l'appeler par son nom. Ce sont là deux points essentiels, mais le plus important à retenir est de toujours récompenser votre chien s'il réagit de manière adéquate lorsque vous l'appelez. À vous de voir quel type de récompense vous souhaitez lui accorder. Bouchées de fromage, de foie haché ou de viande constituent des friandises appropriées, mais il appartient à chacun de déterminer ce qui plaît à son chien. Une femme m'a un jour demandé si elle pouvait donner à son compagnon une pleine boîte de nourriture pour chien. Compte tenu du nombre de fois où il vous faudra récompenser votre chien au début de son apprentissage, vous risquez, à ce rythme, d'en faire un animal obèse.

L'essentiel, c'est que la friandise se retrouve dans sa gueule et que vous le félicitiez dès l'instant où votre chien obéit. Je vous suggère également de caresser doucement sa tête et sa nuque, afin d'établir dès le départ un principe très important : l'animal a accompli ce qui était attendu de lui et il en a aussitôt retiré un bénéfice personnel. En récompensant votre chien, en le félicitant abondamment et en lui caressant une partie extrêmement importante de son anatomie, vous lui envoyez un puissant message qui sera répété sans arrêt à compter de ce moment : s'il vient trouver son chef de meute quand ce dernier le lui demande, il aura droit à une récompense.

Il s'agit d'une étape cruciale dans le renforcement de votre leadership et vous devriez répéter cet exercice jusqu'à obtenir de votre chien la réaction escomptée. Il se peut que celui-ci réagisse à vos caresses et à l'attention que vous lui accordez en devenant excité de nouveau. Si votre chien a tendance à revenir à ses vieilles habitudes, vous devez cesser immédiatement et ne pas recommencer l'exercice avant au moins une heure. Votre chien doit absolument comprendre que ses actions ne sont pas sans conséquences pour lui : s'il se comporte adéquatement, il a droit à de la nourriture et à votre affection, alors qu'un comportement indésirable le privera de ce qu'il désire plus que tout au monde : l'attention de son chef de meute. Lorsque la chose se produit, vous n'avez qu'à recommencer l'exercice depuis le début et à le répéter autant de fois que nécessaire, sans vous départir de votre calme et de votre constance, jusqu'à ce que votre chien ait enfin compris le message. Il est capital de ne pas brusquer ce dernier et de ne pas vous mettre en colère après lui. Ne laissez pas monter votre taux d'adrénaline et rappelez-vous le poème de Kipling si vous voulez garder la tête froide.

Voici un outil supplémentaire dont vous pourrez vous servir au besoin : délimitez des espaces qui deviendront des « zones interdites » pour votre chien. Il faut très vite enseigner à votre chien que certaines parties de votre maison constituent votre territoire privé. Celui-ci, du fait qu'il a le même comportement instinctif que le loup, saura reconnaître le principe en cause ici. Au sein de la meute, chacun respecte en toutes circonstances l'espace réservé au loup dominant. Les membres subalternes du groupe n'ont le droit d'y pénétrer que sur invitation de leur chef.

Il y a de fortes chances pour que votre chien se plie de bonne grâce à ces nouvelles exigences. Si tel est le cas, répétez l'exercice pendant quelques jours, en commençant et en terminant toujours de la même façon. Vous constaterez bientôt que votre chien réagit en entendant son nom sans se précipiter. Pareil comportement vous indique que vous touchez au but. Je compare le chien qui s'est parfaitement adapté à ma méthode à un élève obéissant qui respecte l'autorité de son professeur. Lorsqu'on l'appelle, il répond présent et attend docilement que l'enseignant lui assigne une tâche. Votre chien doit se comporter exactement de cette manière. Debout ou assis, il doit regarder son maître dans les yeux et attendre que ce dernier lui fasse part de ses désirs.

Les chiens possèdent de merveilleuses qualités, mais ils sont incapables de lire dans les pensées, du moins à ce que je sache. Ils ignorent donc ce que nous attendons d'eux. En consolidant votre autorité sur votre compagnon, vous jetez les fondements d'une nouvelle relation avec ce dernier. À partir de maintenant, plus jamais votre chien n'aura à deviner ce que vous attendez de lui. Il est prêt à écouter son maître et à collaborer avec lui. Il est également prêt à se détendre et à jouir de la vie !

Les signes de danger

J'insiste à nouveau sur le fait que les quatre principes sur lesquels se fonde ma méthode sont interreliés. Dès la première étape du processus qui consiste à entrer en contact avec votre compagnon, vous devez également vous préoccuper d'un autre facteur important : la perception du danger. Cet élément entre en ligne de compte chaque fois que vous avez des visiteurs. Qui n'a pas été témoin de scènes où un chien devient fou furieux en entendant quelqu'un sonner ou frapper à la porte? Tous les facteurs et tous les laitiers du monde ont un jour ou l'autre eu droit à ce genre d'accueil tant redouté. Pour bien comprendre pareil comportement, il importe, encore une fois, de se rappeler comment fonctionne une bande de loups. Si votre chien est persuadé d'être le chef de la meute, il se croira obligé d'en défendre le territoire. En pareille circonstance, il ne fait que réagir devant une menace dont il ignore la nature. Quelqu'un ou quelque chose est sur le point d'attaquer les membres de son clan et il brûle d'impatience de savoir de qui ou de quoi il s'agit. Il croit par ailleurs qu'il est de son devoir de repousser l'envahisseur éventuel.

Deux sujets sont ici en présence: vous et votre visiteur. Lorsque votre chien commence à aboyer ou à sauter dans les airs en entendant du bruit à la porte, il vous appartient de le remercier. En tant que chef de meute, vous vous devez de reconnaître le rôle capital que votre compagnon joue au sein de celle-ci. Ayant pris conscience qu'un danger possible menace la meute, votre chien a jugé utile de vous en avertir. Un peu comme lorsqu'un enfant prévient ses parents de la présence d'un visiteur, il doit en être remercié. Une fois soulagé de cette responsabilité, le chien peut continuer de laisser son maître décider s'il laisse ou non entrer le visiteur chez lui.

Aucun chien n'est semblable à un autre. Certains auront acquis les pires habitudes et il faut donc s'attendre à des réactions diverses, tant de la part des chiens que des êtres humains. D'après mon expérience, il existe quatre manières d'envisager la situation. Vous pouvez autoriser votre chien à vous accompagner jusqu'à la porte. Il faut toutefois que votre invité accepte de n'accorder aucune attention à l'animal, exactement comme tout propriétaire se doit de le faire après une séparation. Expliquez-lui qu'il doit résister à l'envie de caresser le chien.

Je sais que la chose n'est pas facile, en particulier pour les personnes qui aiment les animaux et qui se retrouvent en présence d'un chien qui ne demande pas mieux que de recevoir un peu d'affection. Une première solution à ce problème consiste à mettre une laisse à l'animal. En cas de besoin, vous pourrez mieux maîtriser la situation.

Mais si votre chien se comporte de manière inacceptable, il est nécessaire de changer de méthode et d'inviter par conséquent l'animal à passer dans une autre pièce. Il importe toutefois qu'il ne perçoive pas la chose comme une forme d'exclusion ou de punition. Il ne faut ni le repousser ni le prendre dans vos bras comme si vous vouliez vous débarrasser de lui. Il ne faut pas non plus l'obliger à sortir de la maison (à aller dans le jardin, par exemple). Il est essentiel que votre chien associe toujours son comportement à quelque chose de positif. Il convient donc de le récompenser suivant le principe déjà établi. Félicitez-le pour avoir perçu le danger, après quoi vous l'éliminez du processus de décision en lui offrant une de ses friandises préférées en guise de récompense. Refermez alors la porte derrière vous de manière à ce qu'il soit temporairement hors d'état de nuire.

Cette façon de procéder vous laisse toute la liberté voulue pour expliquer à votre invité ce qui vient de se produire et lui demander d'agir selon vos désirs. Une fois que les choses sont clairement établies, vous pouvez faire revenir le chien. Assurez-vous toutefois que personne ne lui adresse la parole au moment où il réapparaît. L'animal se rendra alors compte que la situation est parfaitement normale et il se comportera comme si de rien n'était.

Il existe une quatrième option, qu'il faut appliquer si votre invité refuse de vous croire ou est incapable de comprendre ce que vous attendez de lui. Les enfants sont, bien sûr, à classer dans cette catégorie et je traiterai plus spécifiquement de leur cas un peu plus loin. La meilleure chose à faire en leur présence reste encore d'enfermer le chien dans une pièce séparée. C'est aussi la meilleure solution lorsque vos parents et amis refusent de suivre vos directives. La plupart des propriétaires de chiens préfèrent agir ainsi plutôt que de se lancer dans des discussions stériles.

Directives de base

Apprendre à dresser convenablement son chien, c'est un peu comme apprendre à conduire une voiture. Avant longtemps, les manœuvres de base deviendront pour vous des automatismes. Il vous faudra uniquement réfléchir à ce que vous faites dans certaines situations particulières. Mais la plupart des connaissances que vous aurez acquises seront emmagasinées dans votre subconscient et ce savoir-faire vous aidera grandement à apprécier la compagnie de votre chien.

Personne ne peut décemment conduire une automobile sans savoir où se trouvent les pédales de frein et d'embrayage, ainsi que l'accélérateur, et comment les manier. La prochaine technique que vous devez apprendre à maîtriser a trait à la promenade. Mais, avant de pouvoir affronter le vaste monde avec votre compagnon, vous devez apprendre les directives de base qui vous permettront de maîtriser la situation. Comme dans le cas des méthodes traditionnelles de dressage, il est essentiel que le chien puisse venir vers son maître, marcher à ses côtés, s'asseoir et rester sans bouger.

On n'est jamais si bien que chez soi, comme le veut le vieil adage. Rien de tel, donc, pour commencer, que de s'entraîner à la maison. Je reste persuadée que l'environnement habituel du chien constitue le meilleur endroit pour donner un nouvel élan à votre relation. Je vous demande par conséquent de prendre au moins une quinzaine de jours afin de bien intégrer tous les éléments de la méthode que je vous propose.

Le processus qui consiste à inciter le chien à venir à l'appel de son maître débute tout de suite après la pause de cinq minutes mentionnée précédemment. Dès cette première étape, l'animal a commencé à comprendre qu'un certain type de comportement lui assure une récompense alors que ce n'est pas le cas s'il en fait à sa tête. Très vite il choisit d'agir de la manière la plus profitable pour lui. Ce principe est au cœur de chacun des éléments et de chacune des étapes de ma méthode de dressage.

Je vous suggère par la suite de montrer à votre compagnon à s'asseoir. Il s'agit là, pour la plupart des propriétaires de chiens, du meilleur moyen d'amener ces derniers à rester tranquilles. Cet outil, parfois indispensable, permet de maîtriser l'animal à coup sûr. Il peut même, dans certaines situations dangereuses, lui sauver la vie.

L'idée centrale qui guide ma démarche, c'est que le chien commence à agir de son propre gré. Je tiens à ce que, dans son esprit, certaines décisions de sa part soient associées à quelque chose de positif. Je veux qu'il sache d'instinct que, s'il agit comme souhaité dans certaines situations, il sera récompensé. Et la nourriture reste la meilleure récompense qui soit pour lui, comme je l'ai déjà dit. Pour apprendre à votre chien à s'asseoir, faites-le d'abord venir à vous, puis présentez-lui une friandise que vous lui mettez littéralement sous le nez avant de la ramener au-dessus de sa tête. Au moment où il redressera instinctivement la tête pour renifler l'odeur, son corps basculera tout naturellement vers l'arrière. Son arrière-train devrait alors toucher le sol. À ce moment, mettez-lui la nourriture dans la gueule, tout en accompagnant votre geste d'une confirmation verbale, à savoir le mot « Assis ! » Le message est on ne peut plus clair : le chien ayant réagi adéquatement, il en est aussitôt récompensé.

Si votre chien recule tout en suivant la friandise du regard, mettez votre main derrière lui pour le bloquer. Ne vous servez toutefois jamais de vos mains pour forcer l'animal à poser son arrière-train par terre. Si, pour une raison quelconque, votre chien s'éloigne de vous, retirez aussitôt la nourriture de sa vue et recommencez. À force de répétition, votre chien finira par comprendre la dure réalité de la vie : il ne touchera son salaire que s'il fait bien son boulot. Tôt ou tard il s'assoira spontanément. Les chiens ne sont pas stupides, loin de là. Si le vôtre se met à s'asseoir devant vous sans que vous l'y ayez invité, ne lui octroyez aucune récompense : il cherche simplement à se réapproprier le processus de décision.

À présent, vous allez lui enseigner à venir au pied. Il s'agit ici de lui faire comprendre que la meilleure position pour lui consiste à être en tout temps aux côtés de son maître. Je vous conseille encore une fois de ne pas lui mettre de laisse. Comme il a ainsi toute liberté de s'enfuir en cas de panique, il se sentira à l'aise et en sécurité. Un peu de nourriture servira de nouveau à transmettre le message désiré. Incitez votre chien à se tenir près de vous en l'appâtant avec sa friandise préférée. Comme précédemment, caressez-le afin d'ancrer ce message dans son esprit. Vos caresses doivent, là encore, se limiter aux parties sensibles de l'animal que sont sa tête, sa nuque et ses épaules. Le signal que vous lui envoyez alors est sans équivoque : « Je suis le chef de la meute, je connais tes points faibles mais je suis là pour te protéger. » Votre chien n'aura d'autre choix que de vous faire confiance.

Il suffit à la plupart des gens de savoir que leur chien est en mesure de s'asseoir ou de rester au pied sur demande. Mais je crois qu'il est tout aussi important d'enseigner à l'animal à s'étendre. La raison en est qu'il importe que celui-ci reste calme à chacune des étapes de son dressage. Or, un chien n'est jamais aussi détendu que lorsqu'il est allongé. Encore une fois, je l'encourage à prendre cette position en le stimulant et en le récompensant, mais, dans ce cas-ci, je procède en l'amenant d'abord sous un meuble – une table ou une chaise – puis en l'invitant à se coucher par terre. J'influence de nouveau son comportement en lui donnant une bonne raison d'agir plutôt qu'en employant la force. Là encore, le chien comprend rapidement où se trouve son intérêt !

Permettez-moi de vous signaler en passant qu'il n'est pas nécessaire de récompenser votre chien chaque fois qu'il répond à vos attentes. Au début, lui donner une friandise reste le meilleur moyen de lui faire comprendre vos intentions. Mais vous pouvez diminuer progressivement la fréquence de la distribution à mesure qu'il assimile ses leçons. Ainsi, au lieu de le récompenser chaque fois, faites-le une fois sur deux, puis une fois sur six et, enfin, une fois sur vingt. Toutefois, n'éliminez jamais complètement ce précieux outil de travail. Il vous servira à maintenir l'intérêt de votre chien.

Il y a lieu d'établir ici un parallèle avec l'éducation des enfants. Je me souviens du jour où les parents de ma petite-fille Ceri tentaient d'inculquer à cette dernière les bonnes manières. Bien qu'ayant appris à dire « S'il te plaît », elle omit de le faire en une occasion où on lui avait proposé quelque chose à boire. « J'ai oublié, j'ai seulement quatre ans », fit-elle avec un sourire angélique. Les chiens ne sont pas différents à cet égard. Il leur faut aussi du temps pour assimiler certaines informations. Mais, avec le temps, de l'affection et des encouragements, ils y arriveront.

Certaines personnes me demandent si ma méthode ne risque pas de les priver du plaisir de posséder un chien. Je trouve pareille question pour le moins déconcertante, car c'est tout le contraire qui se produit. En enlevant toute responsabilité au chien, son maître lui assure de mener une vie plus insouciante et plus heureuse. En créant un environnement dans lequel le propriétaire peut se consacrer à son chien au moment de son choix, l'animal est en mesure de passer du bon temps avec son chef de meute. Tous deux peuvent alors entretenir de meilleurs rapports.

Il existe deux types d'activités fort agréables qui permettent d'approfondir de tels rapports : le jeu et le toilettage. Les jouets constituent un excellent moyen d'établir des liens affectifs avec votre chien tout en renforçant votre autorité sur lui. De même, toiletter votre chien vous procurera assurément beaucoup de plaisir. Le principe de la récompense s'applique encore une fois. Si votre chien vous laisse lui brosser les poils sans protester, n'hésitez pas à le féliciter et à lui donner une friandise en guise de récompense. Vous contribuerez de la sorte à consolider vos liens avec lui. Je reviendrai plus loin sur ces deux points.

L'heure de la promenade

Dans la plupart des cas, une semaine d'entraînement devrait suffire à apprendre à votre chien à répondre à l'appel, à s'asseoir et à venir au pied. Une fois acquises, ces notions de base vous permettront de passer à l'étape suivante : la promenade, qui équivaut, dans l'esprit de votre chien, à aller à la chasse. Les habitudes en la matière varient considérablement d'une personne à l'autre. Certains font faire une petite promenade le matin et une autre le soir à leur compagnon. D'autres font de longues et fréquentes balades à toute heure du jour ou de la nuit. Ma méthode est conçue de telle sorte qu'elle puisse s'adapter au goût de chacun. Quelle que soit la situation, l'essentiel reste que vous preniez la direction des opérations. Et le meilleur moyen pour vous de vous assurer que les choses se déroulent comme prévu, c'est encore de vous demander si vous êtes satisfait de ce qui se passe et si vous avez la situation bien en main. Encore une fois, il importe de garder son calme et de rester constant.

Votre première tâche consiste à habituer votre chien à demeurer en laisse. Je préfère pour ma part les laisses dont la corde est légère. Les chaînes me font penser à des armes ; si vous gardez à l'esprit qu'un chien tire sur sa laisse parce qu'il est persuadé que tel est son devoir en tant que chef de meute, vous comprendrez que ce n'est pas par la force que vous lui ferez changer d'avis. C'est plutôt la perception de son rôle au sein de la meute qu'il vous faut modifier. Faites venir votre chien près de vous et, tout en lui donnant une friandise en guise de récompense, placez un collier autour de sa tête. Voilà qui constitue sans aucun doute un des temps forts de ma méthode : c'est la première fois que le chien est privé de toute occasion de s'enfuir et que son propriétaire lui met un objet autour de cette région si importante pour l'animal qui comprend la tête, la nuque et les épaules. Si votre chien semble éprouver une certaine anxiété à cet égard, créez aussitôt une association positive dans son esprit en lui offrant un peu de nourriture. Lorsqu'il aura accepté l'idée de porter une laisse, votre chien n'en sera que davantage convaincu que vous êtes le chef de la meute.

Il n'est guère surprenant que tous les chiens deviennent excités à l'idée de partir à la découverte du vaste monde. C'est comme s'ils allaient à la chasse, qui reste pour eux l'activité fondamentale par excellence. La poussée d'adrénaline qu'ils ressentent alors est la bienvenue. Mais il vous appartient de contrôler cet enthousiasme. Votre leadership sera ici rudement mis à l'épreuve.

Une fois que votre chien a accepté la laisse, demandez-lui de venir au pied, en lui offrant une friandise au besoin. S'il tente de tirer sur sa laisse, restez sans bouger. Montrez-lui quelles sont les conséquences d'une telle action. Recommencez en lui demandant de venir au pied encore une fois. Lorsqu'il se tiendra enfin debout à vos côtés, il sera alors temps de vous mettre en route. Dès que l'animal donne des signes de vouloir tirer sur sa laisse, relâchez-la et interrompez la balade. Il est essentiel de lui faire

comprendre qu'il doit rester près de vous et non pas vous précéder. Tout manquement à cet égard implique le retour immédiat
à la maison.

Ce principe prend toute son importance à l'étape suivante,
également cruciale, soit lorsque vous franchissez le seuil de la
porte. Pour votre chien, cette porte donne sur un autre monde
situé à l'extérieur de sa tanière et pouvant présenter une infinité de dangers. Il est absolument vital que vous soyez le premier
à franchir ce seuil. En tant que chef de meute, vous devez vous
assurer que la voie est libre. Il s'agit encore une fois d'un moyen
extrêmement puissant d'envoyer un message à l'animal. Si votre
chien réussit à sortir le premier, il vous faudra tout reprendre à
zéro.

Les principes établis à l'intérieur de la maison restent valables
une fois que vous et votre compagnon êtes au grand air. Ainsi,
dès l'instant où la promenade commence, il ne saurait être question que celui-ci prenne la tête à aucun moment. Est-il besoin
de rappeler que cette position est réservée au chef de meute? Si
votre chien a l'impression que vous êtes disposé à le laisser faire,
il se persuadera qu'il vous conduit à la chasse. Il importe au
contraire qu'il reste en tout temps à vos côtés.

Les chiens peuvent devenir très excités au moment de se mettre
en route. Cela pose un problème que connaissent tous les propriétaires de chiens, à savoir que ces derniers ont alors tendance à
tirer sur leur laisse. Il est primordial d'éviter que cette manie
dégénère en un jeu de tir à la corde entre lui et vous. Même les plus
petits chiens sont en mesure de tirer avec force sur leur laisse. Il ne
faut en aucun moment entrer dans leur jeu. Votre chien se doit

d'agir d'après les règles que vous avez établies et non d'après les siennes. S'il ne cesse de tirer sur sa laisse, relâchez-la aussitôt afin de lui signaler que la promenade n'aura pas lieu dans de telles conditions. Certains trouveront peut-être la chose difficile, mais rassurez-vous, ce petit manège ne devrait pas durer très longtemps. Lorsque votre chien comprendra qu'il n'ira pas à la balade s'il continue ainsi, il se fera une raison.

Certains affirmeront qu'il est cruel de priver un chien de sa promenade quotidienne, mais il est encore plus important de vous assurer que ce dernier aura entièrement confiance en vous avant d'explorer le vaste monde. À défaut, il sera plongé dans un environnement dont il ignore tout et se croira obligé de remplir la fonction de chef de meute alors qu'il n'est pas préparé à relever un tel défi. Voilà qui, à mes yeux, est beaucoup plus cruel. Sans compter que les sacrifices consentis à court terme paraîtront minimes en comparaison avec les énormes bénéfices qui en résulteront.

« *Pas bouger !* » et « *Au pied !* »

Se promener en compagnie de son animal favori constitue sans doute l'un des plus grands plaisirs de la vie. Aucun propriétaire de chien ne peut résister à la joie de voir son compagnon gambader librement et exprimer sa personnalité en donnant la pleine mesure de ses capacités. Mais, avant d'en arriver là, vous devrez ajouter deux nouvelles cordes à votre arc: vous devrez apprendre à votre chien à ne pas bouger et à revenir vers vous sur demande.

Un chien devrait toujours être tenu en laisse dans les agglomérations urbaines et aux abords des routes. Je suis toujours étonnée de constater combien de gens ne se rendent pas compte à quel point il est foncièrement dangereux de laisser un animal en liberté dans de telles conditions. Dans les grands espaces, au contraire, les chiens pourront s'en donner à cœur joie. Il faut toutefois les y préparer. La première fois, il est recommandé de pratiquer un exercice destiné à renforcer les principes déjà établis.

La première règle consiste à apprendre à l'animal à ne pas bouger. C'est un exercice facile dans la mesure où le chien garde sa laisse. Demandez tout d'abord à votre compagnon de s'asseoir normalement. Ensuite, tournez-vous de manière à lui faire face, reculez d'un pas tout en soulevant la paume de votre main et en lui disant : « Pas bouger ! » Après quoi vous lui demandez de venir. Répétez l'exercice en vous éloignant chaque fois un peu plus de lui. Mais s'il refuse d'obtempérer, vous devez recommencer depuis le début. Encore une fois, l'animal doit apprendre qu'il a intérêt à se montrer obéissant. C'est le chef de meute qui détermine les règles du jeu.

Lorsque vous maîtriserez ce nouvel instrument de contrôle, vous pourrez lâcher votre chien. Au début toutefois, il est préférable de l'inciter à rester à vos côtés quelques instants. Offrez-lui une petite friandise en échange de sa soumission. Donnez-lui ensuite un mot d'ordre – tel que « Va jouer ! » – qu'il associera désormais à cette liberté nouvellement acquise.

Un point crucial consiste à vous assurer que votre chien reviendra vers vous. Encore une fois, c'est au moyen d'une récompense que vous obtiendrez de lui la réaction désirée. Je vous suggère de lui demander de revenir au pied dès qu'il s'aventure à plus de trois mètres de vous la première fois. Le fait pour vous de savoir qu'il obéit vous donne l'assurance à tous deux que la balade sera agréable.

En définitive, il vous appartient de décider à quel moment laisser votre compagnon se promener sans laisse. Ne le détachez pas si vous craignez le moindrement qu'il ne revienne pas. En cas de doute, je vous conseille de tester d'abord ses réactions à l'intérieur de votre maison ou de votre jardin. Cela vous donnera rapidement une bonne idée de ce à quoi vous attendre lorsqu'il sera en pleine nature. Si votre chien vous fait des difficultés, envisagez de mettre une rallonge à sa laisse. Tirez alors légèrement sur la laisse tout en appelant votre compagnon à vous et en le récompensant pour son obéissance : cela devrait suffire à lui faire comprendre quels sont vos désirs.

La nourriture : un outil puissant

Le type de contrôle qui s'exerce au sein des bandes de loups reste évidemment hors de portée des humains. Même si tel était notre désir, il nous est physiquement impossible de recourir à l'agressivité et au langage corporel extraordinaire qui permettent au loup alpha d'exercer son leadership. Mais, avec un peu d'ingéniosité et de subtilité, nous sommes en mesure de nous servir de l'un des plus efficaces instruments de domination qu'utilise le chef de meute, à savoir le pouvoir de décider où et quand nourrir nos compagnons.

Pour des raisons qui paraîtront bientôt évidentes au lecteur, j'ai choisi de donner le nom de « faire semblant de manger » à cette technique. Je vous demande de l'appliquer pendant tout au plus deux semaines environ. Chaque membre de votre famille devrait, si possible, prendre part à ce petit rituel. En agissant ainsi de concert, vous serez en mesure de transmettre un important flux d'information à votre chien en lui faisant bien comprendre que chacun occupe une position hiérarchique plus élevée que lui. Ce qui importe encore une fois pour vous, c'est d'être persévérant. Répétez par conséquent cet exercice pendant toute la durée convenue et à chacun des repas de l'animal. Nombreux sont les propriétaires de chiens qui, pour des raisons pratiques parfaitement compréhensibles, ne donnent à manger à leur compagnon que le soir. Je vous recommande plutôt de le faire matin et soir pour plus d'efficacité.

La technique est simple. Avant de nourrir votre chien, mettez une petite collation – un goûter par personne habitant la maison – dans une assiette sur une table de service. Un biscuit, un craquelin ou une biscotte fera l'affaire. Déposez alors la gamelle du chien juste à côté de l'assiette. Préparez ensuite la pâtée de votre compagnon tout en vous assurant de bien capter son attention. Puis, sans un mot et sans jeter un œil à l'animal, chaque membre de votre famille doit à tour de rôle se saisir de son goûter et le manger. Lorsque tout le monde a fini, posez le bol du chien par terre. Agissez sans faire de cérémonie et sans vous préoccuper de votre compagnon. Enfin, éloignez-vous pour le laisser manger en paix.

Il s'agit là d'un message clair et efficace. Au sein des bandes de loups, l'ordre hiérarchique n'est jamais aussi évident qu'au moment de se lancer à la curée. Le chef et ses seconds sont les premiers à manger. Ce n'est qu'une fois qu'ils sont repus que les autres membres du groupe ont droit de prendre leur repas. Afin de renforcer ce message, si un chien s'éloigne au cours du repas, enlevez-lui immédiatement sa gamelle. Il n'y a pas à craindre qu'il meure de faim. Pour tout ce qui touche à la nourriture, les chiens comprennent vite où se trouve leur intérêt, croyez-moi sur parole! Il importe encore une fois que votre compagnon sache qu'il n'a droit à une récompense que s'il agit de manière acceptable. Il appartient au chef de meute de définir les conditions entourant la distribution et la consommation de nourriture. Si votre chien refuse de se plier aux règles établies par son chef, il n'a qu'à se priver de repas.

Les chiens sont des animaux qui aiment vivre en groupe. Je me plais à répéter que deux chiens n'en font plus que la moitié d'un. Ils jouent et s'amusent ensemble et, lorsque leur maître est absent, ils se tiennent compagnie l'un l'autre. Mais quelle que soit la composition de votre famille élargie, rappelez-vous toujours que les chiens considèrent les autres espèces animales – humains compris – qui partagent le même espace qu'eux comme des compagnons de meute. Nous devons tous respecter certaines règles de conduite, et les chiens y sont encore mieux disposés que nous. Dans ce contexte, je m'efforce donc de mettre en place une série de règles que chaque chien sera en mesure de comprendre et d'accepter. Telle est la clé qui permet de bien saisir le sens de ma démarche. Si vous entreprenez de mettre en pratique les quatre principes que je viens de décrire, il faut compter une quinzaine de jours avant que votre compagnon les assimile pleinement. Certes, il n'y a pas deux chiens semblables. Plus un chien a subi de traumatismes et plus il a un comportement répréhensible, plus il faudra du temps pour le rééduquer. Comme il n'y a pas de place pour la peur et la souffrance dans ma méthode, je ne peux que vous répéter d'être doux et patient et vous obtiendrez bientôt les résultats escomptés.

Chapitre 7

....

Comment traiter l'angoisse de la séparation

Peu importe qu'un chien ait un comportement obsessionnel, qu'il souffre d'incontinence nocturne ou qu'il ait la mauvaise habitude de mordre, je m'occupe de chaque cas en entrant d'abord en contact avec lui. Ce n'est que lorsque l'animal a compris qu'il n'est pas le chef de la meute que son maître peut aspirer à une relation plus satisfaisante et moins tendue avec lui. Mais il est certain qu'il n'y a jamais deux cas semblables et jamais deux problèmes identiques. D'ailleurs, j'ai pu constater que tous les chiens que j'ai traités présentaient chaque fois plus d'un trouble de comportement, le problème qui préoccupait leur maître n'étant pas seul en cause. J'en suis donc venue tout naturellement à adopter ma méthode à une grande variété de chiens et à un nombre encore plus grand de difficultés. J'ai ainsi pu constater rapidement que je n'allais pas m'ennuyer à répéter toujours la même routine.

Le premier cas que j'ai eu à traiter est tout à fait exemplaire à cet égard. Un soir, Sally, une infirmière qui habitait dans un village voisin, vint sonner à ma porte, dans un grand état d'agitation. « J'ai entendu parler de vous, me dit-elle, et je me demande si vous pourriez m'aider à faire entendre raison à mon chien Bruce. » Ce dernier, un ravissant corniaud de quatre ans, avait des airs de renard. Sally l'adorait et ce sentiment était réciproque. Le seul problème, c'est que l'animal aimait un peu trop sa maîtresse et ne pouvait supporter d'être séparé d'elle.

Lorsqu'elle était chez elle, Bruce la suivait partout. Il était constamment sur ses talons. Mais si elle avait le malheur de s'absenter, la situation devenait vraiment infernale. Bruce courait en tous sens et s'emparait du moindre bout de vêtement appartenant à Sally qui lui tombait sous la patte. À son retour, il arrivait souvent à cette dernière de retrouver Bruce allongé sur une bonne partie de sa garde-robe disposée en forme de litière. Inutile de préciser que ses frais de nettoyage étaient astronomiques, sans compter que plusieurs de ses vêtements étaient devenus inutilisables.

Mais le plus grave dans cette affaire, c'est que Bruce avait commencé à s'en prendre à la porte d'entrée de sa maison. Il s'était d'abord contenté de mâchouiller le cadre en bois. Il avait fini par le déchiqueter peu à peu, laissant même apparaître la maçonnerie. Le soir où Sally était venue sonner à ma porte, Bruce avait réussi à arracher le papier peint et le plâtre qui recouvraient le mur de briques. L'embrasure de la porte était dans un triste état. Sally comptait bien demander à un menuisier de faire les réparations nécessaires, mais elle n'ignorait pas que ce serait peine perdue tant que son chien ne s'amenderait pas.

Au cours des années qui ont suivi, j'ai pu observer les mêmes symptômes à d'innombrables reprises. Le comportement de Bruce était caractéristique d'un des troubles les plus courants que je rencontre chez les chiens : l'angoisse de la séparation. Il ne fait aucun doute que le fait d'être séparé de son maître perturbe énormément un chien. L'anxiété qu'il ressent alors peut l'inciter à avoir un comportement destructeur. J'ai vu certains chiens ronger des meubles, des rideaux, des vêtements, des journaux, etc. Un chien a même réussi un jour à avaler le ruban d'une cassette ! Il a fallu l'opérer pour lui retirer le ruban en question, qui s'était déroulé dans son estomac. Faut-il préciser qu'un chien est susceptible de causer sa propre perte en pareil cas ?

Mon expérience m'a toutefois appris qu'un chien ne réagit pas comme un enfant abandonné qui réclamerait ses parents, mais plutôt comme un parent qui serait désespérément à la recherche de son enfant perdu. J'ai rapidement compris que c'était le cas du chien de Sally. Elle et Bruce menaient des vies qui ne faisaient qu'aggraver la situation. Lorsque j'ai rendu visite à Sally, Bruce m'a aussitôt sauté dessus. De toute évidence, Sally considérait cela comme un comportement normal. Il s'ensuivait qu'il ne respectait pas l'espace individuel des gens. En outre, il était constamment sur ses talons et la suivait d'une pièce à l'autre. Leur relation à tous deux paraissait d'autant plus charmante que Sally et son petit copain avaient rompu quelque temps auparavant, mais je me doutais bien que cette rupture n'avait fait qu'empirer les choses.

Lorsque je demandai à Sally en quoi consistait son planning habituel, il est vite apparu qu'elle n'en avait aucun. À titre d'infirmière visiteuse, elle recevait des appels à toute heure du jour. Elle n'avait pas vraiment d'habitudes régulières. Elle sortait généralement le matin, mais il lui arrivait parfois de faire un saut à la maison pour le déjeuner, cependant qu'en d'autres occasions elle ne rentrait que tard le soir. Elle en éprouvait de toute évidence un sentiment de culpabilité. Ainsi, sa maison était pleine de jouets de toutes sortes. Elle avait également disposé un pot rempli de biscuits pour chiens près de la porte d'entrée. Lorsque je lui en demandai la raison, elle m'expliqua qu'elle avait pris l'habitude, avant de partir le matin, de caresser Bruce, de lui dire qu'elle rentrerait plus tard et de lui donner un biscuit au moment de son départ. Puis elle laissait les autres biscuits à sa disposition pendant son absence. Il ne faisait aucun doute que Sally aimait son chien, mais il était clair aussi qu'elle canalisait mal ses sentiments. Il était indispensable de leur faire prendre une nouvelle direction.

J'ai eu tôt fait d'établir mon diagnostic. J'étais certaine d'avoir affaire à un chien qui se croyait responsable de sa maîtresse. Bruce percevait Sally comme son enfant et non le contraire, de sorte que, chaque fois qu'elle se déplaçait dans la maison, il la suivait partout – comme le ferait tout parent pour son bébé – afin de s'assurer que tout allait bien. Il s'attaquait au cadre de la porte d'entrée parce qu'il était pris de panique. Il s'en prenait à l'endroit où la séparation s'était produite. Il plantait ses crocs dans la porte dans une ultime tentative de s'extirper de la maison pour retrouver son bébé égaré. Après que j'eus fourni ces explications à Sally, elle comprit parfaitement les raisons du comportement de Bruce. Quel parent ne serait pas mort d'inquiétude en voyant son enfant s'éclipser de la sorte ? C'était la seule chose qu'il pouvait faire. (Il est aujourd'hui prouvé scientifiquement que le taux d'endorphine des chiens s'accroît lorsqu'ils se mettent à ronger quelque chose – un peu comme lorsqu'une poussée d'adrénaline engourdit une douleur.)

Les agissements de Sally ne faisaient par ailleurs qu'envenimer les choses. Je lui fis notamment remarquer que sa façon de quitter la maison contribuait à rendre Bruce encore plus agité. Le rituel auquel elle s'adonnait chaque matin ne faisait que confirmer Bruce dans son rôle de chef de leur petite meute. Comme il avait compris la signification de ce cérémonial, il pouvait facilement anticiper la suite des événements. Se sentant responsable d'elle, il ne pouvait admettre de la voir se perdre dans un univers dont, selon lui, elle ignorait tout. Après tout, le chef de meute n'est-il pas, par définition, celui qui est le mieux placé pour savoir ce qui est bon ou non pour les autres membres du groupe ?

L'angoisse du chien était à son comble lorsqu'il constatait dans quel état elle était à son retour. Dès qu'elle découvrait quel mauvais coup il avait encore fait, elle le réprimandait. Dans l'esprit de Bruce, pareille attitude ne pouvait qu'être liée à ce qui était arrivé à Sally dans le monde extérieur. Il était angoissé pendant son absence et il l'était tout autant au moment de son retour à cause de ce qu'elle avait dû subir dans la journée. Et, ce qui n'arrangeait pas les choses, elle continuait de lui laisser des biscuits près de la porte. Or, comme il appartient au chef de la meute de trouver de la nourriture, le fait que Bruce avait constamment de la nourriture à sa disposition faisait incontestablement de lui le meneur de leur communauté.

Lorsque je tombe sur un tel cas, je ne peux m'empêcher de penser au moment où, dans *Peter Pan*, Wendy et les enfants s'envolent en compagnie de la fée Clochette. Un peu de poussière magique se dépose sur Nana, la chienne, et celle-ci commence alors à s'élever dans les airs avec eux. Au moment où sa laisse l'empêche d'aller plus haut, son visage se défait dans un mélange de tristesse et de terreur. Elle se demande avec inquiétude où va sa petite famille et elle est désespérée à l'idée de ne pouvoir accompagner les enfants pour les protéger. Je me sens affligée pour elle, tout comme j'éprouvais de la compassion pour Bruce. Comme tant d'autres chiens, celui-ci estimait qu'il était de son devoir de prendre soin de sa maîtresse. Ses ancêtres lointains vivaient dans une société où il était primordial d'assurer la survie de la meute, et c'est pourquoi il était désespéré chaque fois qu'il était séparé de son enfant. Ma mission consistait à intervertir les rôles en modifiant la description des tâches dévolues à Bruce.

Je propose à chaque propriétaire de chien le même scénario. La première chose que Sally devait faire consistait donc à assimiler les quatre éléments de base de ma méthode. C'était le seul moyen pour elle de rééquilibrer ses rapports avec Bruce, de manière à retirer à ce dernier la responsabilité qui lui causait tant de stress. Ses liens avec lui étaient si étroits qu'elle éprouva au début beaucoup de culpabilité à l'idée de ne pas lui prêter attention. Comme beaucoup de gens, elle se demandait si son chien n'allait pas se formaliser d'un tel traitement. Encore aujourd'hui, les maîtres que j'initie à ma méthode me disent : « J'ai le sentiment que mon chien croit que je ne l'aime plus. » Ce à quoi je réponds que nous restons encore une fois prisonniers de notre conception du monde et des choses, notamment en ce qui a trait à l'amour. Si on aime vraiment, on devrait être motivé par la seule idée d'agir pour le bien de l'être aimé. En pareille circonstance, je demande aux propriétaires de penser un peu moins à leurs propres besoins et un peu plus aux besoins réels de leur compagnon. Par ailleurs, une fois que leur chien aura été rééduqué, ils pourront inonder ce dernier de toute l'affection voulue, à ce détail près qu'elle aura pris une nouvelle allure.

Âgé de quatre ans, Bruce avait acquis ses mauvaises habitudes depuis un certain temps déjà ; je le considérais donc comme un chien en convalescence. Le seul moyen de régler le problème posé par les absences de Sally, c'était de le traiter en profondeur. Je lui demandai dans un premier temps de cesser de s'occuper du chien lorsqu'elle quittait la maison. Je voulais qu'elle agisse comme un chef de meute qui va et vient comme bon lui semble. Je la priai également de procéder à un changement d'ambiance moins radical juste avant de quitter la maison. Quand elle était chez elle, la radio ou la télé jouait à tue-tête cependant qu'elle faisait la conversation à Bruce ou à quelque interlocuteur au bout du fil. Au moment de franchir le seuil de la porte, elle mettait un terme à tout ce tapage et Bruce restait seul à endurer le silence. Il y avait du bruit et du mouvement dans la maison, puis soudain plus rien. Le chien comprenait aussitôt qu'elle était sur son départ.

Je lui demandai également de cesser de mettre de la nourriture à la disposition de Bruce. Pareil geste envoyait un message erroné à l'animal en renforçant son sentiment d'être le chef de la meute. En outre, cela ne donnait aucun résultat : le chien dédaignait tout simplement les biscuits. Quel parent serait disposé à se mettre à table quand il ignore où se trouve son enfant ? J'encourageai plutôt Sally à nourrir Bruce elle-même selon les principes déjà décrits, de manière à renforcer son autorité sur l'animal. Je l'invitai à agir de la sorte pendant les deux semaines qui suivirent.

Mais, selon moi, Sally devait par-dessus tout réussir à dédramatiser les circonstances de son départ et de son retour, en faisant en sorte qu'ils aient l'air d'événements parfaitement banals. Afin d'aider Bruce à comprendre que les allées et venues de Sally s'inscrivaient dans le cours normal des choses, je demandai à cette dernière de recourir à une technique qui consistait à faire semblant de partir. J'avoue qu'elle me regarda d'un drôle d'œil lorsque je lui expliquai ce que j'attendais d'elle, mais elle se plia de bonne grâce à mes recommandations. Je voulais éviter ainsi que Bruce se mette dans tous ses états lorsqu'elle s'absentait. Pour des raisons évidentes, je lui interdis d'utiliser la porte d'entrée pour sortir. Après tout, c'était sur cette porte que le chien avait reporté toutes ses angoisses. Mais comme son domicile ne possédait pas d'autre issue, je la priai de sortir par la fenêtre du salon.

Auparavant, je l'invitai à enfiler ses chaussures et son manteau au vu de Bruce, de même qu'à laisser la radio allumée afin d'éviter un trop brusque changement d'atmosphère. Elle enjamba ensuite le rebord de la fenêtre, contourna la maison et revint par la porte d'entrée. Je lui fis comprendre qu'elle devait feindre d'ignorer Bruce à ce moment-là. Ainsi, elle lui envoyait clairement comme message qu'elle était le chef de la meute et pouvait par conséquent aller et venir à sa guise. Elle n'avait nullement besoin de la permission du chien pour quitter la maison.

Sally trouvait extraordinaires les mimiques de Bruce. Il ne comprenait rien à ce qui se passait. Mais, ce qui est plus important, il ne paniquait pas. Encouragée par ce résultat, j'invitai Sally à recommencer ce petit manège, mais en s'absentant cinq minutes cette fois. À son retour, elle ne prêta de nouveau aucune attention à Bruce. Ce dernier demeura encore une fois calme à la vue de toute cette scène. Comme précédemment, il n'avait pas touché à la porte d'entrée.

On me demande souvent pourquoi il est si important de renforcer son autorité sur son chien chaque fois que l'on se retrouve en sa compagnie après une absence plus ou moins prolongée. Il existe plusieurs réponses à cette question. À la base, il faut de nouveau chercher la réponse dans la nature. Des changements ont lieu fréquemment au sein des bandes de loups. Lorsqu'ils partent à la chasse, rien ne garantit que chacun des membres du groupe sera encore vivant au retour. Il n'est pas impossible que les membres du couple alpha ou un de leurs subalternes soient tués ou blessés et ne puissent revenir au camp. Par conséquent, lorsque la bande est de nouveau réunie après une telle séparation, l'ordre hiérarchique et la structure du pouvoir doivent être redéfinis de telle sorte qu'à tout moment chacun sache qui est le meneur, qui défendra la meute en cas de nécessité et quel est le rôle de chacun. Cette réorganisation permanente se produit de manière instinctive tant chez les loups que chez les chiens, y compris chez les chiens domestiques. Dès que vous êtes hors de portée de votre chien, celui-ci ignore totalement où vous allez et pour combien de temps. Aussi, au moment de votre retour, indépendamment de la durée de votre absence, il a besoin de savoir qui de vous deux dominera l'autre. Ce n'est qu'ainsi qu'il est possible de maintenir l'ordre.

Il était donc essentiel pour Sally de poursuivre sur sa lancée pendant quelque temps. Nous avons consacré un week-end entier à répéter ce seul exercice. Je lui demandais de rester à l'extérieur de chez elle cinq minutes de plus chaque fois qu'elle sortait. À la fin du week-end, Bruce était de toute évidence beaucoup plus détendu et la porte d'entrée était demeurée intacte. J'ignore ce que ses voisins ont dû penser en voyant Sally enjamber sans arrêt le rebord de sa fenêtre, mais j'avoue que ni elle ni moi n'en avions cure.

Lorsqu'elle reprit son travail, Sally continua d'agir de même. Bientôt, Bruce se contenta d'agiter la queue lorsqu'elle rentrait le soir. Tous deux formaient désormais un couple plus uni que jamais. Sally put enfin retenir les services d'un menuisier.

Chapitre 8

Comment traiter l'agressivité nerveuse

À mesure que se répandit la nouvelle selon laquelle je savais m'y prendre avec les chiens, on m'invitait de plus en plus régulièrement à des tribunes radiophoniques. Au printemps de 1999, une station de télé locale me demanda d'utiliser ma méthode pour traiter six chiens à problèmes. Ces derniers avaient été sélectionnés parmi quelque six cents candidats et constituaient un échantillonnage représentatif du genre de difficultés qu'on me prie habituellement de résoudre. Parmi eux se trouvait un cocker femelle du nom de Meg qui avait mauvais caractère.

Ses propriétaires, Steve et Debbie, me firent savoir qu'elle était particulièrement irritable : elle aboyait dès qu'elle sentait la présence d'inconnus et déchiquetait le courrier déposé par le facteur. Mais le plus grave, c'est qu'elle avait pris la mauvaise habitude de mordre : elle avait même mordillé la main de la fille d'un de leurs amis. Même ses maîtres, qui avaient trois enfants, étaient inquiets lorsque Meg avait une saute d'humeur. Ils m'avouèrent qu'on leur avait conseillé de donner à l'animal une solide correction ou de le faire euthanasier avant qu'il ne blesse gravement quelqu'un.

Avant même d'avoir rencontré Meg, j'étais persuadée qu'elle souffrait du problème que je rencontre le plus fréquemment chez les chiens, à savoir l'agressivité nerveuse. Ce trouble se manifeste de diverses manières. Il est au cœur de tous les ennuis que connaissent les propriétaires de chiens qui mordent, qui aboient ou qui sautent sur leurs visiteurs. Il est à la racine même des attaques répétées contre ces espèces en voie de disparition que sont le laitier, le facteur et le livreur de journaux. Mais, indépendamment de ses multiples manifestations, l'agressivité nerveuse peut être vaincue grâce à une révolution indispensable qui consiste à destituer l'animal de son rôle de chef de meute.

Aucun chien ne décide de son propre gré d'être le chef de sa meute. Mais tout chien sait instinctivement qu'un leader est nécessaire à la survie de la meute dont il fait partie et les propriétaires de Meg avaient par négligence offert ce poste à l'animal par le truchement des signaux qu'ils lui avaient envoyés. Dans de telles conditions, le comportement de Meg était on ne peut plus logique. Elle tentait simplement de s'acquitter de la tâche qu'on lui avait confiée. Son agressivité était simplement due au fait qu'on l'avait mise dans une situation intenable alors qu'elle n'avait ni l'expérience nécessaire ni personne pour l'aider à se tirer d'affaire et qu'elle ignorait tout de l'univers dans lequel on l'obligeait à évoluer. Sa férocité à l'égard des étrangers était sa façon à elle de repousser les envahisseurs susceptibles de représenter une menace pour sa meute. Et, ce qui n'arrangeait pas les choses, Meg était le seul chien de la maison. Demandez à toute personne à la tête d'une famille mono-parentale ce qu'une telle responsabilité peut entraîner comme tensions !

Comme Steve et Debbie purent le constater, les propriétaires de chiens sont généralement impuissants devant une telle situation. L'aide qu'ils croient apporter nuit plus souvent qu'autrement. Il n'est pas dans le tempérament du chien de demander conseil à son maître. Dans son esprit, si celui-ci était réellement plus intelligent, plus fort ou plus expérimenté, il serait le chef de la meute. Par conséquent, l'animal feint d'ignorer son maître et, si ce dernier se montre trop insistant, le chien le relègue dans son rôle de subalterne en se montrant agressif à son endroit. Il ne faut donc pas s'étonner si toute la maisonnée redoutait les humeurs de Meg.

Je ne comprenais que trop bien le sentiment d'impuissance qu'éprouvaient les propriétaires de Meg. Ils étaient épris de leur chien et ne demandaient pas mieux que de lui venir en aide. Ils ignoraient toutefois que le meilleur moyen d'y parvenir consistait à faire savoir à Meg qui était vraiment le chef. Ce faisant, ils lui enlèveraient une énorme pression des épaules et lui permettraient de relaxer un peu.

J'aime à prêcher par l'exemple. Pour qu'ils puissent appliquer ma méthode adéquatement, je montre aux propriétaires de chien quels bénéfices ils peuvent retirer en imposant leur autorité. Aussi, dès l'instant où j'ai fait mon entrée dans le salon, j'ai refusé d'accorder la moindre attention à Meg : je n'ai établi avec elle aucun contact visuel, je ne l'ai pas touchée ni caressée. En plus de renforcer mon rôle de leader à ses yeux, mon comportement lui faisait clairement savoir que je ne représentais aucune menace pour elle ou ses protégés. Histoire de consolider davantage ma position, je me comportai comme si j'étais chez moi, comme si j'étais propriétaire des lieux en fait. Les gens sont toujours étonnés de constater à quel point cette manière d'agir a un effet dissuasif. Plutôt que de s'irriter comme à son habitude, elle se contenta de m'ignorer à son tour. Cette simple réaction eut l'effet d'une révélation sur une famille qui avait coutume de paniquer chaque fois qu'un nouveau venu entrait en contact avec Meg.

Je devais à présent faire en sorte que les propriétaires de l'animal en viennent à se comporter avec la même autorité. Je demandai en premier lieu à Steve et à Debbie de quitter la pièce sans accorder la moindre attention à Meg. Je les priai ensuite de revenir tout en manifestant la même indifférence à l'égard du chien, quoi qu'il fasse. Comme pour la plupart des gens, la chose ne leur sembla pas naturelle au début. C'était pour eux un saut dans l'inconnu. Ils avaient été témoins de tant d'excentricités de sa part qu'au fond d'eux-mêmes ils craignaient qu'elle réagisse encore plus mal à ce rejet soudain. Mais mes explications leur firent peu à peu comprendre que plus ils seraient soumis devant Meg, plus son règne de terreur s'éterniserait. Chaque fois que, d'une manière ou d'une autre, ils lui accordaient leur attention, ils la confortaient dans son rôle de leader. En continuant d'agir comme ils le faisaient, la situation ne ferait que perdurer.

Comme la majorité de mes clients, Steve et Debbie étaient sincèrement désireux de s'attaquer au problème et ils acceptèrent d'agir selon mes directives. Meg était agitée au plus haut point. Elle me regardait en écarquillant les yeux, elle allait et venait en grognant ; de toute évidence, elle trépidait. Après qu'elle se fut calmée quelque peu, je demandai à Steve et à Debbie de la faire venir à eux en lui remettant des bouchées de foie séché en guise de récompense. En moins d'une heure, ils avaient à leurs côtés un chien qui était beaucoup plus détendu qu'il l'avait jamais été. Détail significatif, ses yeux jusque-là flamboyants avaient à présent un regard plus doux. Au fil des ans, j'ai appris à considérer ce regard adouci comme un signe qui m'indique que j'ai réussi à établir le contact, à communiquer avec l'animal. Dès que j'ai aperçu les yeux de Meg, j'ai su qu'une étape importante venait d'être franchie.

Je continuai ainsi pendant deux semaines, m'assurant que Steve et Debbie renforçaient leur autorité sur leur chien. Ils assimilèrent sans difficulté les principes qui sous-tendent ma méthode. Chaque fois que Meg s'approchait d'eux sans y avoir été invitée, ils faisaient comme si elle n'existait pas. Ils ne tenaient tout simplement pas compte de ses tentatives pour attirer leur attention. En revanche, chaque fois qu'elle réagissait comme souhaité, elle recevait une friandise.

Je m'efforçai par ailleurs de leur apprendre à réagir différemment lorsque Meg devenait agitée. Si elle aboyait à l'arrivée du facteur, on la remerciait tout simplement, histoire de lui signifier qu'elle avait bien fait de prévenir son nouveau chef.

Les vieilles habitudes ont la vie dure. Cela vaut pour les chiens comme pour les humains. Pendant un certain temps, Meg continua de grogner chaque fois qu'un visiteur était introduit au salon. J'invitai Steve et Debbie à sortir de la pièce chaque fois que cela se produirait, afin de bien faire comprendre deux choses à Meg :

premièrement, qu'elle devait endurer les conséquences de ses gestes ; deuxièmement, qu'il ne lui appartenait plus de décider qui était le bienvenu ou non dans la maison. Son heure de gloire en tant que chef de meute était chose du passé.

J'invitai enfin tous les membres de la famille à faire semblant de manger en présence de l'animal. Chacun d'eux se fit un point d'honneur de manger un craquelin ou un biscuit devant Meg avant que cette dernière ait droit à sa pâtée. Ses maîtres lui signifiaient ainsi clairement : « Nous avons terminé notre repas, à toi les restes à présent. » Comme je l'ai expliqué précédemment, il s'agissait là d'un moyen supplémentaire de consolider le nouvel ordre hiérarchique tout en soulageant l'animal d'une responsabilité qu'il n'était pas en mesure d'assumer.

En l'espace de quelques semaines à peine, la personnalité de Meg – de même que l'atmosphère qui régnait au sein de la famille – avait changé du tout au tout. L'arrivée du courrier ne constituait plus une source de chagrin. Si Meg présentait des signes d'agitation, quelques paroles rassurantes suffisaient à la calmer. Elle avait perdu l'habitude de s'élancer vers la porte chaque fois qu'on sonnait. Les visiteurs pouvaient entrer et sortir librement sans craindre d'être inquiétés ou molestés.

Grâce à cette émission, les téléspectateurs ont été en mesure de constater que ma méthode donnait d'excellents résultats. Steve et Debbie ont pu exprimer devant les caméras à quel point ils ont été impressionnés par les changements survenus. Au moment où ils se mirent à caresser Meg comme ils n'auraient jamais cru pouvoir le faire, ils ne purent contenir leur émotion. Debbie se mit même à pleurer. Ce sont des instants comme ceux-là qui donnent tout son sens à ma démarche. Ce jour-là, je ne pus m'empêcher de verser une larme ou deux en leur compagnie.

Chapitre 9

Comment traiter les chiens qui mordent

L es chiens qui mordent posent assurément un problème majeur ; outre qu'ils peuvent représenter une menace, ils sont difficiles à traiter. Il me suffit de me souvenir de Purdey pour ressentir toute la crainte qu'un chien capable d'attaquer un être humain peut inspirer. Pour bien des gens, comme ce fut le cas pour mon père, un chien qui ose mordre est un chien qui franchit une limite qu'il ne devrait pas et qui agit de manière inacceptable. J'ai cessé de compter le nombre de fois où l'on me demande d'intervenir dans des cas où un chien se voit accorder une dernière chance de s'amender, faute de quoi il sera euthanasié. Fort heureusement, j'ai pu rescaper la plupart d'entre eux.

Il importe toutefois d'aborder ce point avec réalisme. En vérité, les chiens ne peuvent désapprendre ce qu'ils ont été instinctivement programmés à faire. Tout comme nous, ils possèdent la capacité naturelle de se défendre. Devant une menace, ils ont trois options : fuir, figer sur place ou lutter. Soyez conscient qu'au besoin ils se battront et useront de leur droit de se défendre. Telle est la réalité.

Comme je l'ai déjà mentionné, il n'y a pas deux chiens pareils. Cela vaut aussi pour les chiens qui mordent. Même si les causes peuvent être identiques, la manière dont un chien exprime son agressivité lui est propre. J'en veux pour exemple trois cas d'animaux tout à fait différents que j'ai eu l'occasion de traiter au cours de ma carrière.

Mon expérience avec les chiens me permet aujourd'hui de reconnaître au premier coup d'œil certains types de comportement. Le cas de Spike, un berger allemand à la robe blanche, est éloquent à cet égard. Ses maîtres, deux frères prénommés respectivement Steve et Paul, vivaient dans la banlieue de Manchester. Ils avaient fait appel à mes services dans l'espoir que je débarrasse Spike de sa mauvaise habitude d'attaquer et de mordre leurs visiteurs. Ses agressions se faisaient de plus en plus vigoureuses. Il avait commencé à s'en prendre à quiconque faisait mine de quitter la maison. Dès que quelqu'un, y compris les deux frères, plaçait sa main sur la poignée de la porte d'entrée, Spike s'élançait sur lui et lui donnait un vilain coup de dents. Les membres de leur famille en étaient venus à redouter le pire, au point où ils n'osaient plus leur rendre visite. Steve et Paul craignaient de devoir se défaire de Spike si la situation ne s'améliorait pas.

Je n'étais pas encore chez eux que j'avais déjà compris à quel point Spike était un animal prodigieux. La vigueur de ses aboiements, le timbre de sa voix et la frénésie avec laquelle il jappait alors que je déambulais dans l'allée qui me conduisait jusqu'à la maison de ses maîtres me donnèrent à penser qu'il s'agissait d'un chien doté d'une très grande assurance et qui se considérait sans l'ombre d'un doute comme le chef de sa meute.

Mon impression se confirma dès que je fus à l'intérieur. Dans la sécurité de sa tanière, Spike débordait de confiance. Une aura d'autorité semblait se dégager de lui. Sa démarche ne laissait planer aucun doute là-dessus. Il était bâti solidement et était parfaitement conscient de sa force. Le mâle alpha de la maison, c'était lui, et il entendait bien que tout un chacun le sache. Quand je pénétrai dans la maison, il me lança un regard menaçant tout en aboyant à un mètre de moi.

Comme je l'ai mentionné précédemment, la notion de respect est absolument fondamentale dans vos rapports avec les chiens. Si vous faites preuve de respect à leur égard, ils en feront autant à votre endroit. Je savais que ce serait un facteur extrêmement important dans mes rapports avec Spike. Comme dans tous les cas, je devais tout d'abord convaincre Spike que j'étais également un alpha, tout en le persuadant que je ne représentais pas une menace pour lui. Comme d'habitude, je commençai par ne lui prêter aucune attention. Mais je faisais également attention pour ne faire aucun mouvement brusque susceptible de le rendre impatient. Je savais par expérience que même le geste le plus inoffensif – comme croiser les jambes, par exemple – pouvait provoquer une réaction chez un animal aussi robuste et agressif que celui-là. Je marchais pour ainsi dire sur la corde raide : il ne fallait pas qu'il décèle chez moi le moindre signe de faiblesse, pas plus que le moindre signe d'hostilité. Je gardais comme toujours à l'esprit l'exemple de la bande de loups. Mon objectif était de créer une situation dans laquelle nous serions amenés à respecter notre territoire respectif.

Les deux frères avaient demandé conseil auprès de nombreuses personnes avant de s'adresser à moi. Certaines des suggestions qu'on leur avait faites me révoltèrent. Ainsi, un prétendu expert leur avait conseillé d'administrer une bonne raclée à l'animal, histoire de lui inculquer quelques notions de respect. Un autre leur avait recommandé, à ma plus grande stupéfaction, de le fixer ardemment dans les yeux. Pareil geste équivaut presque à une agression physique et constitue le meilleur moyen de déclencher une confrontation certaine avec l'animal. Il s'agit là d'une véritable provocation à laquelle un chien tel que Spike ne peut répondre qu'en se défendant. Heureusement, les deux frères étaient des hommes trop sensés pour agir avec une telle étourderie. Je frissonnai à la pensée de ce qui aurait pu arriver si tous deux n'avaient pas été aussi avisés.

À peine avais-je commencé à leur expliquer la situation que Steve et Paul entrevirent enfin une lueur d'espoir. De toute évidence, Spike considérait qu'il était de sa responsabilité de protéger les deux frères et leur maison contre toute intrusion. Son comportement agressif, lorsque des visiteurs se présentaient à la porte, s'expliquait notamment par son désir de défendre leur tanière. Il n'avait aucun moyen de savoir ce qui se trouvait derrière la porte d'entrée, mais il était persuadé d'une chose : il était de son devoir de se dresser contre toute menace extérieure. Au cours de mon entretien, j'appris que Spike se contentait de mordiller plutôt que de vraiment mordre les gens, ce qui ne me surprit pas du tout.

Rares sont les chiens qui mordent dans le but d'infliger des blessures. Ils cherchent plutôt à donner un avertissement. Un berger allemand comme Spike aurait-il l'intention de mordre réellement qu'il ne s'en priverait pas. Je vous laisse deviner ce que cela pourrait donner comme résultat.

Le caractère défensif du comportement de Spike est en réalité typique des chiens du groupe dont font partie les colleys et autres chiens de berger. Ces races ont été spécialement conçues pour surveiller et protéger, et c'est ce que de tels chiens tentent de faire au meilleur de leurs capacités dans un environnement qui leur est totalement étranger. En apprenant à mieux connaître Spike et ses maîtres, je compris que son agressivité s'était accentuée du fait que toute la maisonnée comptait entièrement sur lui. Personne n'avait osé remettre son leadership en cause et il en était résulté qu'il se sentait investi d'un pouvoir toujours plus grand. Il fallait à présent renverser la vapeur et faire en sorte que ses maîtres pratiquent une meilleure «gestion du pouvoir», si je puis dire.

Au fond, je désirais permettre aux deux frères d'avoir une meilleure emprise sur leur meute. Pour ce faire, il me fallait les aider à créer un environnement aussi paisible et rassurant que possible. Fort heureusement, je trouvai une alliée extrêmement précieuse en la personne de leur femme de ménage. Certaines personnes se sentent de toute évidence plus à l'aise que d'autres avec les chiens. Je me demande même parfois si elles ne connaissant pas leur langage. Par contre, certaines personnes deviennent très nerveuses en présence des chiens. Qui ne connaît pas quelqu'un qui marche sur la pointe des pieds ou rase les murs dès qu'il aperçoit un chien. L'animal, lui, perçoit instantanément une telle nervosité. Mais il n'est pas nécessaire d'avoir peur des chiens. Lorsqu'on les traite correctement, la plupart des chiens ne présentent aucun danger et ne font de mal à personne.

Il n'y avait aucun doute à avoir sur la catégorie à laquelle la femme de ménage des deux frères appartenait. Elle était restée dans la maison tout au long de mon entretien avec ces derniers, continuant de vaquer aux tâches ménagères comme si de rien n'était. C'est à peine si elle prêtait attention au chien. En retour, Spike la traitait avec le plus grand respect. À un moment, il s'est même brusquement écarté de son chemin lorsqu'elle est arrivée avec un chariot rempli de produits de nettoyage.

Je l'ai aussitôt prise en exemple. Les deux frères voyaient bien qu'elle n'avait rien d'une personne menaçante. Pourtant, du seul fait qu'elle avait instinctivement refusé de se comporter avec déférence envers lui, elle avait convaincu Spike qu'elle lui était supérieure. Elle représentait tout à fait le modèle à imiter.

Je n'ignorais pas que les deux frères auraient un énorme défi à relever. Je leur fis savoir que, sur une échelle de un à dix en termes d'agressivité, Spike obtenait facilement un huit, ce qui était largement au-dessus de la moyenne de quatre ou cinq à laquelle j'étais habituée. Je les prévins qu'ils allaient peut-être devoir exercer leur pression silencieuse sur l'animal pendant des mois au lieu des quelques semaines habituellement nécessaires. Mais ils étaient des élèves bien intentionnés et c'est avec enthousiasme qu'ils adoptèrent ma méthode. Ils m'appelèrent à quelques reprises au cours des deux semaines qui suivirent, histoire de savoir comment aborder certaines questions bien précises. La plupart du temps, ils agissaient comme il le fallait : ils avaient compris à la perfection le fond de ma pensée.

Quatre mois après ma première visite chez eux, je reçus un coup de fil de la part d'un de leurs proches qui voulait que je l'aide à soigner les problèmes de son chien. Il me fit savoir que le comportement de Spike s'était grandement amélioré. Les deux frères avaient désormais la situation bien en main et les membres de leur famille avaient recommencé à leur rendre visite.

Tous les chiens n'ont pas forcément l'arrogance de Spike. Ce qui ne signifie pas qu'ils sont moins dangereux pour autant. En novembre 1999, je commençai à animer une émission de radio au cours de laquelle je tentais d'apporter des réponses aux problèmes que les auditeurs me soumettaient. Parmi eux se trouvait un couple qui habitait à environ soixante kilomètres de chez moi. Jen et Steve avaient adopté, six mois plus tôt, un petit cocker anglais de trois ans prénommé Jazzie. Celui-ci avait mauvaise réputation, mais, comme ses maîtres précédents, ils avaient espéré pouvoir changer son tempérament. Mais ils avaient échoué lamentablement dans leur tentative. Pis encore, Jazzie avait entrepris de les mordre chaque fois qu'il était en désaccord avec ce qu'on exigeait de lui.

Encore une fois, je ne l'avais pas encore rencontré que j'avais déjà une bonne idée de ce qui m'attendait. En approchant de la porte d'entrée de leur domicile, j'entendis des jappements furibonds, mais d'un autre genre que ceux de l'énergique Spike. Il aboyait par à-coups, comme s'il était pris de panique. Mes soupçons se confirmèrent aussitôt que je pénétrai dans la maison. Au moment où Jen et Steve m'accueillirent, Jazzie s'avança résolument vers moi en aboyant de plus belle. Il avait adopté on ne peut plus clairement une attitude de confrontation, mais, contrairement à

Spike, il se tenait à une distance respectueuse de moi. Je compris aussitôt que ce chien était davantage terrifié que les humains avec lesquels il entrait en contact. C'était un alpha hésitant, un animal qui répugnait à jouer un rôle qui ne lui était pas destiné. Il convenait, encore une fois, de le décharger d'une responsabilité qui n'était pas la sienne.

Comme je l'ai déjà mentionné, tous les chiens réagissent à leur rythme et à leur manière aux messages que je leur envoie. Certains, tel Spike, se montrent peu disposés à se départir de leur rôle de chef de meute; ils sont si vaniteux qu'ils sont incapables d'affronter la perspective d'une déchéance. Nos hommes politiques souffrent souvent du même problème, d'ailleurs. Ils s'accrochent au peu de pouvoir qu'il leur reste parfois. D'autres chiens sont toutefois soulagés de voir qu'on leur enlève un poids des épaules. C'était le cas de Jazzie.

J'entrepris d'expliquer ma méthode à Jen et à Steve, en les invitant à la mettre en pratique sur-le-champ. Pendant que nous discutions, Jazzie restait là à quelque distance de nous, sans cesser de grogner et d'aboyer. Depuis le temps, je suis immunisée contre ce genre d'interruption, mais les propriétaires, comme cela arrive souvent, voulurent faire une pause et me demandèrent s'il convenait d'envoyer le chien dans une autre pièce. Je leur suggérai de ne pas lui prêter attention, ce qu'ils firent. Au bout d'une demi-heure, leur patience porta fruit. Jazzie cessa soudain de grogner, se détourna de nous et se dirigea vers l'escalier qui se trouvait au milieu de la pièce. Il gravit les marches au vu de tous, puis se laissa choir sur le palier et nous tourna le dos. On aurait dit un enfant en train de bouder.

Il est essentiel que le chien ait en tout temps la possibilité de fuir une situation qui lui déplaît. La pire chose à faire serait de le mettre en pénitence dans un coin. Cela lui laisse la possibilité de recourir aux deux autres options qui lui sont offertes : figer sur place ou passer à l'attaque. Et c'est alors que les vrais problèmes commencent. Voilà pourquoi nous avons laissé Jazzie faire à sa guise. Jen et Steve se demandèrent s'il ne fallait pas le prendre, mais je leur assurai que leur chien avait agi conformément à ce qu'on attendait de lui. On ne pouvait trouver plus bel exemple de chien réagissant à une situation et prenant une décision quant à son avenir. Je leur recommandai de ne plus aller trouver le chien mais de toujours l'inviter à venir à eux dorénavant. C'est là un point crucial lorsqu'on a affaire à des chiens qui ont l'habitude de mordre : il ne faut jamais les placer dans une position telle qu'ils n'ont d'autre choix que d'attaquer pour se défendre.

Jazzie resta perché là-haut pendant au moins une demi-heure. Puis il se redressa subitement, redescendit l'escalier et vint s'étendre sur la moquette, où il se mit bientôt à s'étirer devant nous. Je me souviens que les rayons du soleil pénétraient dans le séjour. Je ne pus m'empêcher de penser qu'un peu de soleil venait illuminer la vie du jeune couple. En une heure, le pouvoir venait de changer de mains. C'était comme si, tout à coup, tous les soucis de Jazzie venaient de s'envoler. Il ne se sentait plus responsable de qui que ce soit dans cette maison. Il attendait simplement l'occasion de rendre hommage à ses nouveaux chefs de meute. Jen et Steve pouvaient envisager désormais de mener une nouvelle vie pleine de satisfactions à ses côtés. Ce n'est que par la suite qu'ils m'apprirent qu'il venait d'échapper à une mort certaine : ils avaient pris la décision de le faire euthanasier dans les jours suivants. Grâce à mon intervention, ils changèrent d'avis. J'en éprouvai un profond sentiment du devoir accompli.

Notons que je reçus un appel de Jen deux ans plus tard. Elle et Steve étaient inquiets de voir que Jazzie avait recommencé à grogner et à aboyer lorsqu'ils recevaient des visiteurs. Il les avait également mordus alors qu'ils avaient voulu lui prendre certains objets. Lorsque je lui demandai s'ils s'en tenaient toujours à la règle des cinq minutes, elle m'avoua que non. À la vérité, le comportement de Jazzie s'était amélioré à tel point qu'ils avaient fini par se lasser de répéter la même routine jour après jour.

Je lui fis alors remarquer ce que je répète sans cesse à tous les propriétaires de chiens : ma méthode correspond à un mode de vie, et non pas à un service de dépannage rapide. Il est essentiel de l'appliquer en tout temps, afin de faire en sorte qu'elle devienne une seconde nature. Mais ce qui me rassura dans le cas présent, ce fut la rapidité avec laquelle Jen et Steve corrigèrent le tir. Je leur recommandai de tout reprendre depuis le début, de ne pas prêter attention à Jazzie, exactement comme ils l'avaient fait deux ans plus tôt. Je garde toujours le contact avec les familles à qui je viens en aide. Récemment, j'ai rendu visite à Jen, histoire de voir comment les choses allaient. Elle se mit à rire. Jazzie se comportait de nouveau convenablement, me fit-elle. Il avait fallu quatre heures pour remettre les choses en place.

Chaque fois que je suis amenée à traiter un chien qui mord, je ne peux m'empêcher de repenser à Purdey et aux terribles événements qui se sont produits voilà maintenant trente ans.

Je sais à présent que Purdey se comportait comme beaucoup de chiens. Elle n'était pas différente de Jazzie ou Spike à cet égard : elle tentait simplement d'accomplir ce qu'elle croyait être son boulot. Ce n'était pas de sa faute si elle ne possédait pas les capacités nécessaires pour satisfaire aux exigences de sa tâche. Lorsqu'elle avait sauté sur Tony en aboyant après lui, elle l'avait simplement traité comme un membre subalterne de sa meute. Sans le savoir, il avait contesté son leadership et elle avait tenté de le remettre à sa place, comme elle se sentait justifiée de le faire. Malheureusement pour elle, elle a agi alors qu'il se trouvait dans une position dangereuse.

Si c'était à recommencer, je réagirais différemment. Au lieu de la punir, j'aurais cherché à la comprendre ; ainsi, lorsqu'elle s'évanouissait dans la nature, elle se croyait obligée de mener la meute à la chasse afin de nous venir en aide, à moi et à ma famille. Grâce aux connaissances que j'ai acquises depuis, je l'aurais déchargée de cette responsabilité et lui aurais permis de mener une existence plus paisible bien avant que ne se produise le tragique incident que l'on sait. Il est facile, en rétrospective, de songer à ce qui aurait dû être fait, mais cela ne change plus rien au sort de Purdey. Mais son souvenir m'incite à faire tout ce qui est en mon pouvoir pour sauver la vie de chaque chien comme elle que je rencontre. Et ma motivation n'est jamais aussi forte que lorsque je sais que des enfants sont en cause.

Il ne fait aucun doute dans mon esprit que les chiens perçoivent les enfants différemment des adultes. Il y a, selon moi, deux raisons à cela, la première étant que les enfants sont plus déroutants que les adultes. Ils ont un comportement pour le moins déconcertant pour un chien. Ils parlent rapidement, bougent rapidement et sont plus imprévisibles que leurs parents. Comme je l'ai déjà expliqué, il est essentiel de faire preuve de calme et de constance si l'on veut établir une relation saine avec un chien. Or, c'est rarement le cas des enfants.

La deuxième raison est encore plus évidente. Les enfants sont au même niveau que le chien, au sens littéral de ce terme. L'animal a par conséquent tendance à les percevoir soit comme une menace, soit comme des êtres qui ont besoin de protection supplémentaire. Beaucoup de maîtres ont de la difficulté à admettre la première de ces deux explications. Mon opinion à ce sujet est formelle : bébés et chiens doivent être séparés les uns des autres chaque fois que possible, ou du moins être surveillés étroitement. Les deux ont besoin de place pour se développer et il importe de leur accorder leur espace respectif.

À l'inverse, il est toujours agréable de voir un chien protéger un petit enfant. Je doute qu'il puisse exister quelque chose de plus magique que le lien qui unit un enfant et un chien. Une telle union est incroyablement forte, comme j'ai pu le constater bien des années plus tôt avec mon chien Donna. Mais même ce genre de lien peut être source de difficultés, comme je l'ai découvert le jour où j'ai dû traiter un énorme corniaud noir, du nom de Ben, qui vivait en compagnie de Carol, de John et de leur fils Danny, âgé de neuf ans.

Ben adorait Danny et était devenu farouchement protecteur à son égard. Il était surtout agressif envers le père de John, le grand-père de Danny. Il était facile de comprendre pourquoi, d'ailleurs. Le grand-père vivait dans le pays de Galles, à quelque cent cinquante kilomètres de là, et il voyait rarement la famille. Dès qu'il arrivait à la maison, il inondait l'enfant d'affection. Ben, qui n'avait aucune idée des liens qui existaient entre les deux, considérait cet homme âgé comme une menace et s'en prenait par conséquent à lui. La situation avait empiré au point où le grand-père devait se cantonner dans un fauteuil, incapable de faire le moindre geste sans que le chien ne se mette à grogner et à le regarder d'un air menaçant.

La pression qu'une telle situation peut exercer sur les membres d'une même famille est énorme. Les liens familiaux sont alors mis à rude épreuve. Les propriétaires de chiens se voient accusés d'avoir davantage de considération pour leurs animaux de compagnie que pour les membres de leur propre famille. Voilà qui peut engendrer des situations délicates. Heureusement, j'étais en présence de gens suffisamment réfléchis pour vouloir faire face au problème de manière appropriée. Je m'attaquai donc à la racine du mal comme je le fais habituellement avec les adultes. Ils assimilèrent passablement bien ma méthode, mais je savais que Danny constituait la clé qui permettrait de résoudre le problème.

L'un des aspects les plus difficiles de ma méthode consiste à intégrer les enfants dans le processus de modification des attitudes du chien. Il est parfaitement normal que beaucoup d'entre eux soient incapables de saisir les enjeux de la situation. Comme je l'ai précisé ci-dessus, je recommande aux parents de séparer les tout-petits des chiens s'ils deviennent trop excités lorsqu'ils sont ensemble. Mais, vers l'âge de trois ou quatre ans, les enfants étant en mesure de comprendre en grande partie ce qui se passe, il convient de les intégrer au processus, en particulier si la chose leur est présentée comme un jeu. D'après mon expérience, il est relativement facile d'apprendre à un enfant à ne pas prêter attention à un chien qui vient vers eux. Cela dit, ils sont susceptibles de se désintéresser de la chose comme ils le font pour tout autre jeu ; par conséquent, il appartient aux parents d'apprécier la situation.

En ce qui concerne Danny, toutefois, je n'eus aucune hésitation à l'intégrer au processus, ne serait-ce que parce que son aide allait nous être indispensable. Bien entendu, il trouva difficile de cesser de caresser Ben et d'ignorer son compagnon de jeu. Mais, avec la permission de ses parents, je lui expliquai quelles pouvaient être les conséquences possibles d'un refus de sa part. Je lui fis gentiment savoir qu'il pourrait très bien ne plus avoir de compagnon de jeu du tout si nous échouions. Mon idée n'était pas d'effrayer le garçon, mais plutôt de lui faire comprendre ce que j'attendais de lui. Heureusement, il accepta et, pendant tout le reste de la séance, Danny s'enfonçait les mains dans les poches chaque fois qu'il s'approchait de Ben.

La séance dura deux heures. Pendant tout ce temps, Ben fit tout ce qui était en son pouvoir pour attirer l'attention des membres de la famille. À la fin, j'avoue que tout le monde était à bout de nerfs. C'est à ce moment que Ben leur donna la preuve de l'utilité de leur démarche. Ayant épuisé son répertoire de mimiques, il s'allongea confortablement sur le tapis disposé devant le foyer. Je sus dès lors qu'il avait compris qu'il gaspillait son temps et ses énergies. Dans cette atmosphère plus détendue, grand-père se leva et se mit à marcher dans la pièce. Sans même y réfléchir, au moment de passer près de son petit-fils, il posa ses mains sur les épaules du garçon. Imperturbable, Ben demeura étendu par terre. À la fin de ma visite, la tension causée par la présence de Ben s'était dissipée. Lorsque je repris contact avec eux quelques semaines plus tard, ils m'apprirent fièrement qu'il n'y avait pas eu d'autre conflit depuis. Danny escomptait bien voir son grand-père plus souvent.

Chapitre 10

. . . .

Comment traiter les chiens surprotecteurs

La réputation de meilleur ami de l'homme qu'a acquise le chien est amplement méritée. En plus de procurer distraction et compagnie à son propriétaire, un chien, de par sa nature affectueuse et sa présence physique, donne à beaucoup de personnes un sentiment de sécurité. Qui n'a pas déjà vu le plus docile des chiens se transformer en furie lorsque son maître est menacé ?

Une telle qualité n'est cependant pas toujours une bonne chose, en particulier lorsqu'un chien exerce ses talents de gardien au sein même de la famille. J'ai eu à traiter de nombreux cas où une forme de favoritisme à l'endroit de certains membres d'une même famille provoquait la consternation des personnes concernées.

L'exemple le plus flagrant que j'ai rencontré fut celui de Toby, un springer anglais qui vivait avec un couple, Jim et Debbie. La nuit tombée, Toby voulait à tout prix protéger Debbie. À tel point qu'elle et Jim redoutaient le moment de se mettre au lit.

De jour, Toby était un chien passablement bien équilibré ; mais, à la fin de la soirée, il se transformait radicalement. Dès l'instant où Jim et Debbie éteignaient les lumières pour monter dans leur chambre, Toby gravissait les marches de l'escalier en courant afin de les y précéder et sautait sur leur lit. Il laissait Debbie se coucher sans problème, mais, dès que Jim faisait mine de s'approcher du lit, il se mettait à grogner et à aboyer. Sa détermination à séparer le mari de sa femme était telle que Jim craignait même de se faire mordre.

Jim avait tenté de mille et une façons de se mettre au lit avant l'irruption de Toby ; il avait essayé de s'y faufiler avant Debbie ou de détourner l'attention du chien en prétendant que quelque danger les menaçait. Il se rendait dans une autre pièce et se mettait à frapper contre une porte ; dès l'instant où Toby allait voir de quoi il retournait, Jim se ruait vers la chambre à coucher et se précipitait sous les couvertures. Au début, la situation leur parut cocasse, mais le jour où Jim et Debbie firent appel à mes services, ils n'avaient plus le cœur à rire.

Cette attitude protectrice constitue une des rares caractéristiques fondamentales propres aux chiens. Toby se comportait en effet tel un mari jaloux bien déterminé à chasser un rival. Il est a priori difficile de comprendre les raisons d'un tel comportement, mais, si l'on se replace dans le contexte de la meute, tout devient clair et limpide. Comme je l'ai déjà expliqué, les règles de conduite en vigueur chez les loups sont dictées par le couple alpha, le mâle et la femelle dominants détenant l'autorité suprême sur le reste du groupe. Leur domination est à ce point incontestable qu'ils sont les seuls autorisés à se reproduire. Il faut bien comprendre qu'à titre de mâle solitaire au sein de sa «meute», Toby cherchait une compagne chez les humains. Et il avait jeté son dévolu sur Debbie. La perspective qu'elle ait des rapports intimes avec Jim lui était insupportable. Ce dernier n'étant à ses yeux qu'un membre subalterne de la meute, l'idée que Jim partage le même lit que Debbie, sa partenaire alpha, constituait une menace pour lui et son univers. Si l'on garde ce concept à l'esprit, on ne s'étonnera guère devant le fait que Toby se montrait si protecteur à l'égard de Debbie. Sachant d'instinct que Jim et Debbie étaient respectivement mâle et femelle, cette idée ne faisait qu'ajouter à son angoisse.

Il faut parfois du temps à certaines personnes pour accepter mes explications. Dans le cas de Jim et Debbie, il leur fut particulièrement pénible d'admettre que Toby se comportait comme un petit ami jaloux cherchant à évincer un concurrent. Mais ils en vinrent progressivement à partager mon point de vue et à adopter ma méthode. La première chose que je leur demandai fut de ne plus laisser Toby entrer dans leur chambre. Le fait qu'un chien dorme dans la chambre de ses maîtres ne me pose personnellement aucun problème. Je n'irais pas jusqu'à le laisser dormir dans le lit mais, pour le reste, du moment que les gens sont heureux de la situation, je n'y vois aucun mal.

Si Jim et Debbie se rendaient compte que Toby s'était faufilé dans leur chambre à leur insu, je leur suggérais d'utiliser la technique de la récompense pour l'obliger à en sortir. S'il sautait sur le lit alors que Jim s'y trouvait déjà, ce dernier devait s'agiter au point de rendre la situation le plus inconfortable possible pour Toby. J'insistai toutefois sur le fait qu'il ne fallait jamais forcer le chien à sortir du lit. Toute situation de conflit amènerait l'animal à vouloir se défendre, ce que personne ne souhaitait. Il valait mieux faire en sorte que celui-ci n'ait pas à prendre une telle décision. Le comportement de Toby s'améliora rapidement, de sorte que Jim et Debbie purent bientôt finir leurs soirées en toute quiétude et de manière satisfaisante.

Les chiens étant des animaux intelligents, ceux-ci ont mis au point toute une série de stratagèmes en vue d'affirmer leur autorité, comme Toby vient de nous en fournir un bel exemple. Certains chiens ont l'habitude de s'appuyer légèrement contre leur maître, avec comme résultat qu'ils parviennent, en y mettant tout leur poids, à empêcher ce dernier d'avancer. C'est là une astuce bien pensée.

Il est facile de deviner ce qui se produit en pareil cas. Le chien essaie ainsi de diriger les pas de son maître ; en cherchant à imposer sa volonté, l'animal vise, encore une fois, à montrer qu'il est le chef. Il s'agit là d'une mauvaise habitude qu'il convient de combattre. Je n'avais pas été souvent témoin de ce genre de comportement, jusqu'au jour où j'ai commencé à faire connaître ma méthode. Mais depuis, j'ai rencontré beaucoup de cas similaires, le plus remarquable d'entre eux étant celui d'un berger allemand du nom de Zack.

La propriétaire de Zack, une dame prénommée Susie, adorait s'asseoir par terre en compagnie de son chien. En temps normal, il n'y a rien de plus naturel et de plus agréable que de pouvoir en faire autant. Le seul inconvénient, c'est que Zack s'appuyait sur Susie de manière exagérée. Dès qu'elle s'assoyait près de lui, il s'installait carrément entre ses jambes, de sorte qu'elle était littéralement clouée sur place. J'ai pu le constater de mes propres yeux le jour où je leur ai rendu visite. Dès l'instant où Susie s'est assise, Zack s'est incliné sur elle. Au début, elle avait les jambes repliées, mais il l'a littéralement obligée à les étendre au sol. Il s'est ensuite étendu sur elle de tout son long. Les bergers allemands sont des chiens relativement gros et forts ; en comparaison, Susie avait l'air plutôt délicate. Elle était à toutes fins pratiques prisonnière de Zack ; elle ne pouvait bouger sans sa permission. Comme pour confirmer sa supériorité, il plaça son estomac de telle sorte que Susie commença spontanément à le câliner. J'appris par la suite qu'il s'agissait là d'une pratique quotidienne.

De toute évidence, Zack avait réussi à convaincre Susie de se plier à ce petit rituel. Alors qu'ils étaient assis tous les deux par terre devant moi, je demandai à Susie de cesser de cajoler l'animal. Elle se montra d'abord réticente à cette idée. « Il risque d'en être contrarié et de se mettre à grogner », me fit-elle. Et, effectivement, il se mit à grommeler aussitôt qu'elle cessa son petit manège. Mais elle comprit ce que j'attendais d'elle et entreprit de se libérer de son emprise. Elle déplaça ses jambes, se redressa et s'éloigna du chien. Je lui enseignai dès lors les principes de base de ma méthode ; elle mit un soin particulier à s'éclipser chaque fois que Zack tentait de s'imposer à elle. L'animal comprit rapidement où se trouvait son intérêt et Susie put de nouveau s'asseoir à ses côtés sans être molestée.

Qui n'a pas déjà vu un chien surprotecteur assurer la surveillance d'une maison ? Aussitôt qu'il détecte la présence d'un passant,

l'animal se précipite dans tous les sens en aboyant comme un for-
cené tout le long du mur ou de la clôture qui délimite son territoire.
Son message on ne peut plus clair signale à l'intrus qu'il s'est appro-
ché trop près de la propriété et qu'il a intérêt à garder ses distances.
Ce que font la plupart des gens.

Un tel comportement, surtout s'il est le fait d'un animal agressif et costaud, ne peut qu'engendrer des tensions chez les passants.
Certains n'hésitent pas à changer de trottoir ou à faire un détour
pour éviter ce genre de confrontation. De tels chiens peuvent même
terroriser les enfants. Fort heureusement, très peu de propriétaires
de chiens se réjouissent d'avoir un animal agressif. De même, rares
sont les passants qui prennent un malin plaisir à faire enrager
l'animal aux seules fins de satisfaire leur sens de l'humour quelque
peu dépravé.

Mais, dans la plupart des cas, ce genre de comportement est
tout aussi troublant pour le maître et son chien que pour les
passants eux-mêmes. La cause de ce problème est de nature ter-
ritoriale. Le chien, qui croit être le chef de sa meute, considère
toute approche du périmètre de sa tanière comme une agression potentielle. Le poids d'une telle responsabilité peut parfois
angoisser profondément un animal, comme j'ai pu le constater
à plusieurs reprises. Je me souviens d'un cas où un chien avait
l'habitude de bondir le long du jardin circulaire de son propriétaire. Incapable de s'arrêter de courir, le pauvre animal décrivait
des cercles de plus en plus restreints et était dans un état d'anxiété
croissant. La bonne nouvelle, comme les deux exemples qui suivent
vont le démontrer, c'est que ce genre de comportement est relativement facile à corriger.

Le premier cas concerne une dame prénommée Mary et son border collie Tess, qui habitaient dans un quartier résidentiel. De ce fait, il y avait presque constamment un flot de piétons qui déambulaient le long de leur jardin. Mais le pire, c'était qu'une voisine se baladait par là avec son chien, un autre border collie, à la même heure tous les matins. La seule vue de cet autre chien suffisait à mettre Tess dans tous ses états. Elle bondissait d'une extrémité à l'autre de la clôture en grognant et en aboyant. Il est vrai que cette dame semblait encourager son chien à combattre le feu par le feu. Celui-ci bondissait en tous sens de manière agressive, ce qui avait pour effet d'exciter Tess encore davantage. Mary avait bien tenté de régler ce problème, mais sans succès. Lorsqu'elle fit appel à mes services, elle était à bout de nerfs.

Mary avait commis les erreurs les plus fréquentes. Ainsi, elle avait pris l'habitude de crier après Tess. Les propriétaires qui lancent à leur chien : « Arrête ! » sont assurés que l'animal fera tout le contraire et continuera de plus belle. En agissant ainsi, ils ne font qu'accorder de l'importance aux agissements du chien en l'excitant davantage. Je demandai par conséquent à Mary de revenir aux principes de base de ma méthode. Je l'invitai également à garder Tess à l'intérieur pendant qu'elle lui envoyait de nouveaux signaux. En entrant ainsi en contact avec son chien, elle serait en meilleure position pour faire passer le message en temps voulu.

L'heure de l'examen arriva quelques jours plus tard, lorsque Mary laissa Tess sortir de nouveau le matin. Le rival de Tess se présenta à l'heure habituelle et Tess réagit à la provocation en aboyant et en courant le long du mur d'enceinte. La tâche de Mary consistait à lui retirer la responsabilité de patrouiller les limites de leur territoire. Je demandai à Mary d'utiliser les mêmes principes de stimulus et de récompense que ceux auxquels elle avait eu recours à l'intérieur de la maison. Tess était dans un tel état d'excitation qu'elle remarqua à peine Mary lorsque cette dernière se dirigea vers elle. Sachant ce qui allait se produire, je demandai à Mary de toucher légèrement le collier de Tess afin d'attirer son attention et de lui offrir une friandise. Quand il s'agit d'habitudes profondément ancrées et que la situation paraît désespérée, je demande aux maîtres de donner à leur chien une récompense particulièrement adaptée aux circonstances. À chacun de décider ce qui convient le mieux. Pour ma part, je donne à mes chiens du fromage, friandise qu'ils adorent mais qu'ils ne reçoivent qu'en de rares occasions. Ce traitement spécial est destiné à souligner dans leur esprit que certaines de leurs actions amènent des résultats agréables.

Mary servit donc une friandise à Tess afin d'attirer son attention. Après quoi elle utilisa les techniques qu'elle avait apprises pour détourner l'attention de l'animal et le faire rentrer à la maison. Elle répéta l'expérience le lendemain, invitant gentiment Tess à ne plus se préoccuper de la situation. Le problème ne s'est pas réglé du jour au lendemain. Mais Mary persévéra et, dès le quatrième jour, Tess était beaucoup moins tourmentée, de sorte qu'elle remarqua Mary avant que cette dernière ne parvienne à la clôture. Mary n'eut bientôt à parcourir que les trois quarts du chemin avant que Tess ne vienne lui réclamer sa récompense. Tess avait compris le message.

Après une semaine, il suffisait à Mary de se tenir sur le pas de la porte, à quinze mètres de distance. Tess continuait d'aboyer au passage de l'autre chien, mais l'intensité et la fréquence de ses jappements avaient grandement diminué. Et dès qu'elle apercevait Mary, elle rentrait à la maison et la situation s'apaisait. Quelques jours plus tard, le chien ne se donnait même plus la peine de se rendre jusqu'à la clôture. Ses faibles aboiements se perdaient au milieu du jardin. Puis un jour, Tess et l'autre chien continuèrent leur vie sans plus d'histoires. Le petit rituel du matin était chose du passé.

J'ai été amenée à soigner plus d'un de ces « gardes-frontières » au fil des ans. Une fois, j'ai même dû m'occuper de deux chiens en même temps, une paire de schnauzers prénommés Kathy et Susie. À cause de la disposition inhabituelle de la maison de leurs maîtres, toutes deux avaient un vaste territoire à couvrir. Leur demeure se trouvait en effet derrière une rangée d'une vingtaine d'habitations disposant de terrasses. En d'autres termes, tous les jardins de leurs voisins étaient contigus au vaste terrain qui s'étendait devant la maison de Kathy et de Susie. Dès qu'un de leurs voisins faisait mine d'aller faire un tour dans son jardin, les deux chiens passaient à l'action. Inutile de dire que ceux-ci n'appréciaient pas vraiment la situation, pas plus que les maîtres de Kathy et de Susie, qui ne souhaitaient pas voir leurs chiens troubler la quiétude du voisinage.

Je me souviens leur avoir rendu visite par une chaude soirée d'été. Ils ne m'ont pas caché qu'ils avaient des doutes quant à l'efficacité de ma méthode. Heureusement, Kathy et Susie m'ont vite aidée à faire la preuve de ce que j'avançais. Le fait qu'il y avait deux chiens en présence importait peu à mes yeux. Dès mon arrivée, j'ai établi mon autorité sur eux en leur envoyant les puissants messages que j'utilise habituellement. Environ une heure plus tard, les deux chiens entendirent quelqu'un se rendre dans un des jardins avoisinants et ils partirent en trombe afin de défendre leur territoire. Je les laissai filer, me rendis à la porte d'entrée et, sans crier, leur demandai de venir. Leurs maîtres restèrent bouche bée en les voyant revenir vers moi et la récompense que je tenais à leur disposition. Inutile de dire qu'à partir de cet instant ils prirent ma méthode très au sérieux.

La transformation complète ne fut bien entendu pas aussi dramatique qu'à ce moment. Il faut du temps à un propriétaire pour établir sa relation avec son chien sur de nouvelles bases. Les résultats ne deviendront tangibles qu'à partir du jour où le contact entre les deux aura été établi et où le chien sera rentré dans le rang. C'est une question de patience et de persévérance. Dans le cas présent, je priai les maîtres de Kathy et de Susie de solliciter l'aide de leurs voisins en les invitant à ne prêter aucune attention aux chiens. Heureusement, ils avaient des voisins compréhensifs et bientôt tous purent retirer les bénéfices de cette collaboration. Peu à peu, les conflits territoriaux cessèrent. En moins d'une semaine, les chiens étaient devenus indifférents aux allées et venues de leurs voisins. Tous purent savourer en paix, chacun dans son jardin respectif, la fin de cet agréable été.

Chapitre 11

Comment traiter les chiens qui sautent dans les airs

Certains propriétaires s'accommodent du fait que leur chien leur saute dessus; d'autres trouvent même la chose amusante (leurs chiens sont généralement de petite taille!). Mais, dans la plupart des cas, le retour à la maison ressemble à un cauchemar: traces de pattes sur les vêtements et emplettes renversées par terre ne sont que deux des nombreux inconvénients que peut engendrer cette mauvaise habitude. Le plus grave à mes yeux reste néanmoins qu'il subsiste dans ces cas une bonne dose d'incompréhension entre le chien et son maître; aucun des deux ne comprend réellement ce que l'autre cherche à lui faire savoir. C'est là où j'interviens en tant qu'interprète, si je puis dire.

Chacun des chiens que je suis amenée à traiter est remarquable en soi, mais aucun ne fut aussi inoubliable que Simmy, un chien à la robe fauve issu du croisement d'un whippet et d'un terrier. Ses maîtres, un couple du nom d'Alan et de Kathy, me lancèrent un jour un appel de détresse. Simmy avait la mauvaise habitude de sauter sur les gens qui leur rendaient visite. Je savais qu'il s'agit là d'un problème particulièrement frustrant et désagréable, comme ma première rencontre avec Simmy me le montra.

À peine avais-je mis le pied à l'intérieur de la résidence d'Alan et de Kathy que Simmy se mit à bondir sur ses pattes de derrière dans l'espoir de se hisser à la hauteur de mes yeux. J'avais bien sûr vu quantité de chiens en faire autant auparavant, mais Simmy, lui, faisait preuve d'incroyables dons athlétiques. Il mesurait à peine trente-cinq centimètres de hauteur, mais il pouvait facilement bondir à plus d'un mètre au-dessus du sol. Mais le plus impressionnant, c'est qu'il semblait en mesure de réaliser inlassablement cette prouesse. (C'était un exemple parfait de croisement réussi : il avait hérité de la souplesse du whippet et de la ténacité du terrier.) Il me faisait penser au personnage de Tigrou, des albums de *Winnie l'Ourson*. Comme Tigrou, faire des bonds était encore ce que Simmy savait faire de mieux. Ses maîtres me firent savoir qu'il agissait ainsi chaque fois qu'un visiteur leur rendait visite ; que ce dernier soit assis ou debout, Simmy continuait son petit manège. C'était à la fois gênant et déplaisant. De toute évidence, cette situation rendait les propriétaires du chien nerveux. Je me doutais que j'aurais du fil à retordre.

Comme je l'ai déjà mentionné, les chiens se servent de leur corps comme d'un formidable outil de communication. Sauter dans les airs constitue à cet égard un signal on ne peut plus clair. Pour bien comprendre les principes en cause ici, songeons de nouveau à la façon dont les loups se comportent dans la nature. Ceux-ci utilisent leur corps pour imposer leur autorité. Les humains en font d'ailleurs autant. Si vous ne me croyez pas, observez bien des boxeurs qui se font face au début d'un combat. Tous deux s'efforcent de prendre un avantage psychologique sur leur adversaire avant même le début des hostilités. Chacun tente d'envoyer à l'autre un message clair : « Je suis le plus fort et je vais te montrer qui est le patron ici. »

Mais chez les loups, il ne s'agit pas d'une simple bravade. Les louveteaux commencent très tôt à montrer leur supériorité aux autres membres d'une même portée, notamment en s'exerçant à sautiller. Tout en se bagarrant entre eux comme le font tous les jeunes animaux, les louveteaux cherchent à placer la partie antérieure de leur corps sur les parties importantes de l'anatomie de leurs frères et sœurs que sont la tête, la nuque et les épaules. De cette façon, ils envoient à leurs congénères un signal important qu'ils n'auront de cesse de répéter tout au long de leur vie, et ce dans le but de s'imposer aux autres membres de la bande.

Au sein de la population des loups adultes, le mâle et la femelle qui forment le couple alpha utilisent la même technique pour réaffirmer leur position dominante. Ils répètent également ce rituel au retour de la chasse. En se hissant au-dessus des autres membres du groupe et en se penchant sur les mêmes parties sensibles de leur anatomie, ils démontrent leur affection pour leurs subalternes tout en rappelant à ces derniers qu'ils détiennent tout pouvoir sur eux. Leur message est l'évidence même : « Je suis en mesure de te dominer et, au besoin, de t'exterminer. Accepte mon autorité. »

Si je voulais surmonter les problèmes de Simmy, je me devais de lui tenir le même genre de langage énergique. Dans la plupart des cas, ma méthode permet de faire facilement passer l'envie de sauter à un chien. La solution consiste à ne pas s'en prendre au comportement même de l'animal. Par conséquent, si votre chien saute sur vous, faites simplement un pas en arrière et détournez-vous de lui. Si vous n'avez pas suffisamment d'espace pour manœuvrer ou si votre chien est surexcité, servez-vous de votre main pour parer à ses assauts et repoussez-le doucement. Assurez-vous de ne pas lui adresser la parole et de ne pas le regarder dans les yeux. Souvenez-vous que vous ne devez pas lui donner l'impression de reconnaître son autorité.

Comme je l'ai mentionné, l'incroyable exubérance de Simmy me prit, même moi, par surprise. Je ne lui permis pas pour autant de me détourner de ma stratégie habituelle. En entrant dans la maison, je me suis fait un point d'honneur de l'ignorer systématiquement. Ce ne fut pas sans peine, je dois l'admettre. Par moments, il venait coller son visage contre le mien en sautant. À cette vue, Alan finit par se fâcher. Il tendit la main pour saisir Simmy par le collier, avec la ferme intention de le ramener de force les pieds sur terre. Mais j'insistai pour qu'il n'en fasse rien. Comme toujours, je voulais que le chien arrive à se dominer lui-même. Je voulais qu'il agisse de sa propre initiative, et non pas parce que son maître le lui avait ordonné. Alan trouva difficile de résister à la tentation, mais il accepta de se plier à mes désirs. Pendant que Simmy continuait son petit manège, je me contentai de parler en dressant ma tête au-dessus la sienne ou en me penchant de côté, expliquant à Alan et à Kathy ce que j'attendais d'eux. Bref, je les invitai à ne pas entrer dans le petit jeu de Simmy. Chaque fois que celui-ci sautait dans les airs, ils réagissaient, accordant ainsi au chien toute l'attention qu'il désirait. Il fallait que tout cela cesse.

Pendant que nous nous dirigions vers le salon, je continuai de m'adresser au couple. Simmy, lui, poursuivait son manège, bondissant à reculons devant moi. Sa performance était littéralement digne d'une médaille d'or! Mais, au fond, il agissait comme je le souhaitais. Ce ne fut d'ailleurs plus très long avant qu'il ne change d'attitude. Les chiens les plus futés sont toujours les plus difficiles à soigner. Ils ne cessent de se demander: « Pourquoi devrais-je faire ce qu'on me demande? Pourquoi devrais-je cesser de faire ce qui me plaît? » Simmy entrait de toute évidence dans la catégorie des petits malins. Aussi, lorsqu'il comprit qu'il n'obtenait pas de réaction de ma part, il changea de tactique et commença à aboyer bruyamment. Ses pauvres maîtres étaient plus que jamais désespérés. Mais je me contentai encore une fois de faire comme si de rien n'était en ne prêtant aucune attention à Simmy. J'assurai simultanément ses propriétaires que nous allions bientôt obtenir des résultats.

Après une quinzaine de minutes, les piles de l'animal étaient enfin à plat. Il avait compris qu'il n'aboutirait à rien et disparut dans une autre pièce. Je venais de réussir le débarquement de Normandie! Je venais de remporter une bataille décisive, mais la guerre était loin d'être gagnée pour autant. Dix minutes plus tard, en effet, Simmy revint à la charge. Il avait profité du temps mort pour faire le point et décider de remettre ça. Mais cette fois, il sauta à peine plus de trente secondes dans les airs et aboya environ une minute. N'obtenant toujours pas de réaction, il s'esquiva de nouveau.

Simmy était entré dans une phase que j'ai pu observer à de multiples reprises depuis. Il s'était rendu compte qu'un changement fondamental venait de se produire dans son environnement habituel. Chaque fois qu'il revenait à la charge, il le faisait dans l'espoir de trouver une faille dans l'armure de l'aspirant leader. Certains chiens répètent le même scénario une douzaine de fois avant d'abandonner la partie. À chaque nouvel essai, ils y mettent un peu moins d'énergie. À la fin, ils se contentent de quelques soupirs de protestation. Il importe de se rappeler que la règle des cinq minutes ne peut s'appliquer qu'à partir du moment où l'animal a épuisé son répertoire de mimiques. Si vous tentez de l'amener à collaborer avec vous avant ce laps de temps, vous n'obtiendrez aucun résultat.

Alan et Kathy mettaient bientôt ma méthode à profit, faisant appel aux quatre principes de base déjà évoqués pour établir leur ascendant sur Simmy. Ils ont notamment trimé dur pour enlever à leur chien toute responsabilité lorsque des visiteurs se présentaient chez eux. Selon les cas, ils optaient pour diverses solutions. Lorsqu'une dame âgée leur rendait visite, ils gardaient Simmy dans une autre pièce. Lorsque le frère d'Alan venait faire un tour, il avait comme consigne d'accueillir Simmy en restant indifférent à lui. Dans tous les cas, si Simmy se mettait à bondir, on le laissait faire sans s'occuper de lui. On lui faisait chaque fois savoir qu'il n'était pas dans ses attributions de prendre la situation en main. Tout ce qu'il avait à faire, c'était de se détendre et de profiter de la vie. Plus personne n'avait désormais envie de jouer à son petit jeu. Comme tous les chiens, Simmy finit par comprendre le message. C'est à peine s'il jetait un coup d'œil aux visiteurs d'Alan et de Kathy. Les cabrioles de Simmy étaient choses du passé. Je suis persuadée qu'il n'en est pas fâché !

Chapitre 12

Comment traiter les chiens
qui prennent la fuite

P ouvoir rappeler à soi un animal sans laisse est peut-être une des aptitudes les plus inestimables dont puisse jouir un propriétaire de chien. En certaines circonstances, cela peut même faire la différence entre la vie et la mort. Il existe en effet des situations où il est vital pour un chien de considérer son maître comme un chef capable, en tant que membre le plus expérimenté de la meute, de prendre des décisions importantes.

Au fil des ans, j'ai pu constater que, dans de nombreux cas, une absence de maîtrise aurait pu être fatale. Je me souviens tout particulièrement d'un incident survenu un bon matin alors que je patientais à l'extérieur d'une clinique médicale. L'édifice était situé à proximité d'un imposant immeuble d'habitation et d'une rue achalandée. Pendant que j'attendais l'ouverture de la clinique, j'ai aperçu un terrier du Yorkshire qui sortait du bâtiment en courant. Trois gamins le poursuivaient en criant et en lui faisant des signes, mais en vain. Chaque fois que le chien s'arrêtait, il leur jetait un coup d'œil pour détaler aussitôt de plus belle.

On était à l'heure de pointe et les voitures circulaient à toute vitesse. Le chien se dirigeait droit vers la rue. Il me fallait intervenir à tout prix; j'ai hurlé aussi fort que j'ai pu. Les enfants ont dû se demander qui était cette cinglée qui leur faisait signe en s'époumonant comme si la fin du monde était arrivée. Ils comprirent toutefois que quelque chose clochait et firent exactement ce que j'attendais d'eux. Je leur demandai tout d'abord de ne plus bouger, puis je leur criai de se retourner et de courir en direction de l'immeuble d'où ils étaient venus. À mon grand soulagement, le terrier vit la scène et s'immobilisa, à quelques mètres à peine de l'artère bondée de voitures. Il pivota ensuite sur lui-même et entreprit de remonter la rue en direction de l'endroit où les gamins s'étaient enfuis. J'en avais des frissons. Si les enfants avaient continué de pourchasser l'animal, il ne fait aucun doute dans mon esprit que celui-ci aurait été happé par une voiture.

Je n'avais évidemment pas eu le temps d'expliquer aux enfants leur erreur. En courant après l'animal, ils n'avaient fait que jouer son jeu en lui donnant l'impression qu'il était à la tête de leur meute. Il leur fallait mettre un terme à ce petit jeu et réaffirmer leur autorité. Je suis persuadée que cet incident leur a servi de leçon. En réalité, il est simple de faire comprendre à un chien ce qu'on attend de lui en pareille circonstance. Comme toujours, il suffit d'être persévérant et d'avoir une bonne présence d'esprit pour y parvenir.

L'un des chiens les plus remarquables que j'ai rencontrés était un saint-bernard du nom de Beau que l'on m'avait demandé de traiter dans le cadre d'une série d'émissions de télévision. Tout le monde sait que ces chiens sont célèbres pour les sauvetages qu'ils réalisent en régions montagneuses. Leur célèbre baril de brandy autour du cou en guise de marque de commerce, ces chiens ont sauvé la vie de centaines de montagnards en débusquant des alpinistes immobilisés sous la neige et en contribuant à les ramener en sûreté. Mais il était évident que Beau ne pratiquait pas un métier aussi dangereux. Il était l'un des rares de sa race sur qui il était impossible de mettre la main.

Sa propriétaire, une dame prénommée Heidi, avait passé plus de temps qu'elle n'osait l'avouer à courir en vain après lui dans les parcs avoisinants. Elle avait tout essayé, sans réussir à le faire revenir vers elle. Elle en était au point où elle avait même cessé de tenter quoi que ce soit. Lorsqu'elle et lui partaient en balade, elle le gardait attaché au bout d'une longue laisse. Elle refusait tout simplement de le détacher dorénavant.

Mais, Heidi étant une femme responsable, elle n'ignorait pas que c'était malsain pour Beau. Comme tous les chiens, il avait besoin d'exercice. Je lui demandai de le détacher. Il déambula dans le parc tel un véritable char d'assaut. Lorsque vint pour elle le moment de le faire rentrer au bercail, ses efforts furent aussi stériles qu'elle me l'avait affirmé. Elle l'appela à six reprises, puis abandonna la partie. Heidi commettait les erreurs habituelles. Chez elle,

elle avait disposé de la nourriture un peu partout à son intention. Durant leur promenade, elle le suivait dès qu'elle le détachait.
Ce faisant, elle le confortait dans son rôle de leader. Elle lui permettait de décider des règles du jeu.

Il fallait dans un premier temps que Heidi bombarde Beau
de nouveaux messages, conformément aux quatre principes de
base de ma méthode. Ce n'est qu'en reprenant le contrôle de son
chien chez elle qu'elle parviendrait à obtenir de lui ce qu'elle voulait quand ils étaient en plein air. Beau étant de nature un bon
chien, il assimila rapidement ses leçons. Pour bien des gens, il est
difficile de s'en tenir à un tel régime. J'insiste néanmoins pour qu'ils
restent à la maison avec leur chien tant que celui-ci n'est pas prêt
à sortir. En moins de deux semaines, Beau répondait aux appels
de Heidi, tant à l'intérieur de la maison que dans le jardin. Elle
avait appris à le récompenser pour sa docilité, cependant que lui
voyait ce rituel d'un bon œil. Il était à présent essentiel pour elle
de renforcer les messages qu'elle venait de lui communiquer. Elle
devait s'affirmer comme celle qui conduirait la meute à la chasse.
Ce ne serait pas chose aisée.

Beau devenait très agité lorsqu'elle sortait la laisse. Je priai donc
Heidi de calmer le jeu dès le départ. Je lui demandai de poser la
laisse sur une table et de s'éloigner. Le message était clair : le chien
avait commis une bévue, la sortie était annulée. Il était essentiel
que Beau comprenne à quoi il s'exposait quand il agissait de la
sorte. Une fois que Beau se fut apaisé, elle fixa la laisse à son collier et se dirigea vers la porte. Il était indispensable, à cette étape,
qu'elle maîtrise la situation. Aussi, dès que Beau se mit à tirer sur
sa laisse, je lui demandai de ne pas entrer dans le jeu de l'animal.

Elle s'arrêta, fit demi-tour et rentra à la maison. Il lui fallut trois ou quatre jours avant de pouvoir franchir le portail de son domicile. Si Beau continuait de tirer sur sa laisse, il était privé de balade. Mais il finit par comprendre et accepta de rester docile.

Il était à présent nécessaire de tirer parti de la situation. Je demandai à Heidi d'ajouter une rallonge à la laisse. Je l'invitai ensuite à donner du lest à la laisse, de sorte que Beau s'immobilise à deux mètres. Je la priai alors de le faire revenir en lui offrant une friandise en guise de récompense. Chaque fois qu'il réagissait correctement, elle augmentait d'environ un mètre la longueur de la laisse. Beau se comportait à merveille et la laisse, qui devait faire dix mètres, était à présent allongée au maximum. Je l'invitai alors à détacher le chien.

Il fallait maintenant que Heidi mette en pratique ce qu'elle avait appris jusque-là, alors que le chien avait encore sa laisse. De nouveau, je lui demandai de faire revenir son chien à elle. Ses efforts furent bientôt récompensés. Avec un peu de nourriture comme appât, Beau retournait vers Heidi chaque fois qu'elle l'appelait, même si la distance entre eux augmentait. Même lorsqu'il était à cinquante mètres d'elle, il répondait à son appel. En moins d'un mois, leurs promenades étaient devenues l'expérience extrêmement agréable qu'elle avait toujours souhaitée. Elle n'avait désormais plus besoin de lui courir après dans tous les sens. Il revenait vers elle sans délai dès qu'elle l'appelait. Elle n'aurait pu espérer mieux. Beau devint quant à lui un chien en meilleure forme, en meilleure santé et plus heureux que jamais.

Si j'ai appris une chose au fil des ans, c'est qu'il faut toujours être prêt à improviser en cas de besoin. Ce qui fait la force de ma méthode, c'est justement sa souplesse. On peut l'adapter à tous les styles de vie. Et, comme j'ai pu le constater en tant que propriétaire de berger allemand, on peut aussi l'adapter à la personnalité de chaque chien. J'ai toujours soutenu que plus un chien est intelligent, plus il est susceptible de résister aux changements qui lui sont proposés. Les chiens éveillés remettent constamment en question les décisions prises par leur maître. Quelle que soit l'activité proposée, ils ont besoin de savoir pourquoi leur collaboration est requise. Je crois que c'est là la raison pour laquelle les chiens les plus brillants apprécient tant ma méthode. Ils comprennent qu'ils ont tout intérêt à s'adapter à la situation et ils l'acceptent spontanément.

Rares sont les races plus intelligentes que le berger allemand. Et encore plus rares les chiens qui avaient l'esprit plus vif que Daisy May, un berger allemand femelle que j'ai obtenu moi-même par sélection. C'était un magnifique animal débordant d'énergie que j'avais plaisir à côtoyer. Je n'avais eu aucune difficulté à la dresser grâce à ma méthode et elle s'était intégrée à merveille à ma meute. Or, un jour que je ne m'y attendais pas, elle m'a mis dans un sérieux embarras.

J'avais toujours pris plaisir à emmener mes chiens en balade en voiture. Un jour, je les avais conduits jusqu'à un sentier afin de les laisser s'égayer dans la nature. Mais, lorsque vint le temps de rentrer à la maison, Daisy refusa carrément d'obtempérer. J'étais plantée là près de la voiture à l'appeler. Mais elle se contentait de bondir tout autour, déclinant mon invitation à y pénétrer avec moi.

J'avais évidemment le choix de la prendre dans mes bras et de la faire entrer de force dans l'auto. Mais, comme je l'ai déjà expliqué, je veux que mes chiens agissent de leur propre gré. Je veux que des associations positives se créent dans leur esprit en rapport avec certaines situations et qu'ils agissent en conséquence. Le fait de pousser simplement Daisy May dans la voiture aurait pu avoir des répercussions négatives. J'ai donc décidé de m'y prendre autrement. Pendant qu'elle continuait à s'amuser, je montai dans la voiture, mis le contact et démarrai sans elle. En agissant ainsi, je lui offrais un choix. Tout en elle lui disait que sa place était au sein de la meute. Sa survie même en dépendait. Était-elle à présent disposée à mener une existence solitaire en dehors du groupe?

J'avais parcouru environ vingt mètres lorsque je m'arrêtai, sortis de l'auto et l'appelai de nouveau. Daisy accourut mais continua de batifoler aux alentours. De toute évidence, elle voulait poursuivre son petit manège et refusa de venir. Je remontai dans la voiture, démarrai à toute vitesse et parcourus une plus grande distance que la première fois. Ma question à son intention était: «Veux-tu vraiment jouer les indépendantes?» Je jetai dans le même temps un coup d'œil à mon rétroviseur. Je la vis foncer à toute allure vers nous. Je m'arrêtai de nouveau et, cette fois, elle s'engouffra dans la voiture aux côtés des autres chiens. Je lui fis toutes mes félicitations.

J'ai appris avec les années qu'il est crucial de répéter l'expérience dans les plus brefs délais lorsqu'une importante leçon comme celle-là est enseignée à un chien. Aussi, dès le lendemain, je me rendis au même endroit avec mes chiens. De nouveau, Daisy May refusa de pénétrer dans la voiture à ma première demande. Mais j'étais bien déterminée, cette fois, à ne pas entrer dans son petit jeu. Dès qu'elle se mit à s'ébattre en tous sens, je décidai de lui montrer qu'il lui faudrait payer le prix de ses actes. Je démarrai en trombe et parcourus près de deux cents mètres à travers champs. Je tiens à préciser que nous étions à au moins quatre cents mètres de toute route carrossable. Encore une fois, Daisy May se mit à notre poursuite. Elle se précipita dans la voiture aussitôt que j'ouvris la portière. Ce fut la dernière fois que je dus recourir à un tel artifice. Par la suite, Daisy May était toujours la première à s'engouffrer dans l'auto.

Chapitre 13

....

Comment prévenir les batailles de chiens

oilà quelques années, alors que je tentais de faire un lien entre le comportement des chiens et celui des loups, j'ai eu l'occasion de visionner un film remarquable. Il s'agissait d'un documentaire retraçant l'histoire d'une bande de loups vivant à l'état sauvage dans le parc national de Yellowstone, au Wyoming. En dépit du fait que l'Amérique du Nord reste le bastion des loups gris, cette espèce avait été absente du territoire de Yellowstone depuis plus de soixante ans. La horde en question avait été délibérément mise dans le parc dans l'espoir de réintroduire cette espèce dans la région. Le documentaire portait sur leur tentative de s'adapter à leur nouvel environnement.

Ce film m'a beaucoup aidée à rassembler les idées qui sous-tendent aujourd'hui ma méthode. Rien ne me parut plus intéressant que cette séquence où les membres de la meute furent forcés de se trouver un nouveau leader mâle. Le précédent avait été tué, victime d'un projectile tiré par un chasseur, et la femelle alpha était à présent seule à diriger la bande. Mais bientôt un loup venu d'ailleurs se présenta dans l'espoir de s'imposer comme leur nouveau chef. Ce qui s'ensuivit me fascina. Le nouveau venu commença par hurler afin de s'assurer qu'aucun loup alpha ne ferait entendre son hurlement typique en retour. Encouragé par l'absence de réponse, il commença à s'approcher du territoire de la bande.

En guise de réaction, les membres de la meute entreprirent alors de se livrer à un savant rituel qui, par moment, comportait des scènes particulièrement violentes. Les loups se relayaient afin de défier l'intrus à tour de rôle. Ils s'arrêtaient brusquement à quelques centimètres de lui et s'adonnaient ensuite à un cérémonial compliqué qui prenait des allures de bravade. Je songeai à certains rituels propres aux Amérindiens et au cours desquels un guerrier fiche une sagaie en terre aux pieds de son adversaire. Utilisant un langage corporel très élaboré, les loups reculaient pour revenir aussitôt à la charge.

L'intrus demeurait impassible. Il restait campé là, agitant simplement la queue. Il ne menaçait en aucune manière les membres de la bande, mais il ne montrait par ailleurs aucun signe de faiblesse. Les autres loups poursuivirent ainsi leur petit manège pendant six heures et demie! À la fin, quelque chose d'incroyable se produisit. Les loups cessèrent soudain leurs manœuvres puis, l'un après l'autre, ils allèrent trouver le nouveau venu. Celui-ci venait de jouer son va-tout. S'il avait perdu son pari, la meute l'aurait très certainement taillé en pièces. Mais il avait triomphé.

Une fois que les membres de la horde lui eurent rendu hommage, la femelle alpha s'approcha de lui à son tour. Dans un dernier geste hautement symbolique, il plaça une de ses pattes de devant sur l'épaule de la femelle et sa tête par-dessus la nuque de cette dernière. Il garda cette position pendant à peine une demi-seconde. Mais ce fut suffisant pour signaler à tous qu'un pacte venait d'être conclu. Il était élu nouveau mâle alpha. Cette scène magnifique constituait un exemple de ce qu'il y a de plus puissant et de plus pur à voir dans la nature. Les autres membres du clan saluèrent l'accord en bondissant autour du couple ; de toute évidence, ils se réjouissaient de voir que l'ordre venait d'être rétabli et que la bande avait de nouveau un chef.

Les chiens se distinguent sans doute des loups, mais les instincts propres aux loups continuent de vivre en eux. Nos animaux de compagnie expérimentent au quotidien leurs propres variantes de ces mœurs sauvages. Et la chose n'est jamais aussi flagrante que lorsqu'un chien en provoque un autre (une situation à laquelle ceux qui ont des chiens doivent souvent faire face). Or, comme pour tous les propriétaires de chiens, la perspective qu'un de mes compagnons se fasse attaquer par un autre chien me terrifie. Ces animaux sont en mesure de s'infliger de vilaines blessures, certaines pouvant même se révéler fatales.

Lorsqu'un chien se querelle avec un autre, la dépense d'énergie qui s'ensuit n'a d'équivalent que le traumatisme psychologique que subit son maître. Ce fut certainement le cas pour Christine, une dame à qui je vins en aide dans le cadre de mes émissions télévisées.

Celle-ci avait loué une petite propriété dans le Yorkshire, où elle s'était installée avec un couple de chiens, Basil, un vigoureux border collie de sang mêlé à la robe blanche et ocre, et Tess, une petite femelle de race indéfinissable à la robe noire.

Le problème de Christine avait pour origine une troisième bête, un énorme rottweiler de sang mêlé à la robe ocre du nom de Reggie dont elle avait hérité en louant la maison. La réputation des rottweilers, qui en fait des chiens menaçants, n'est pas méritée, selon moi. J'ai eu l'occasion de rencontrer de nombreux spécimens adorables de cette race. Les gens ont tendance à oublier qu'ils étaient à l'origine utilisés comme chiens de garde par les éleveurs de bétail allemands et suisses. Reggie remplissait son rôle historique à merveille. Reggie était attaché à une chaîne reliée à un piquet. Il s'agit, encore une fois, d'une façon de faire que je ne saurais approuver en aucune façon. En dépit des restrictions qui lui étaient imposées, Reggie était, de par son aspect redoutable, un animal en mesure d'effaroucher n'importe quel visiteur indésirable.

Les difficultés de Christine étaient dues au fait que Basil était l'un des rares à ne pas craindre Reggie. À plusieurs reprises, il s'était glissé hors de la maison et s'était dirigé vers la portion de terrain occupée par le rottweiler pour se bagarrer avec lui. Qui n'a pas été témoin de scènes où un terrier du Yorkshire cherche à s'en prendre à un berger allemand, ou encore où un teckel provoque un doberman? Bien que nous soyons parfaitement conscients de la différence de taille qui existe entre ces animaux, il semble que les chiens eux-mêmes n'aient pas la moindre idée de leur gabarit respectif. Encore une fois, nous voyons les choses à travers notre regard d'êtres humains. Or, ce sont les hommes qui ont obligé les chiens à emprunter des voies diverses au cours de leur évolution. En réalité, il suffirait de croiser toutes les races actuelles pour obtenir, au bout de cinq générations, une seule et même race de chiens. C'est pourquoi il est tout à fait naturel que les chiens se considèrent égaux entre eux sur le plan physique. En d'autres termes, dans le cas présent, Basil se considérait comme un rottweiler. Malheureusement pour lui, il était par trop évident qu'il était désavantagé en taille et en force. Reggie avait au moins deux fois la hauteur de Basil. Et parce qu'il était enchaîné, il n'avait d'autre choix que de se défendre. Il avait déjà infligé diverses blessures aux oreilles, aux pattes et à d'autres parties du corps de Basil, qui commençait à ressembler à une courtepointe. Reggie affichait également quelques cicatrices apparentes à la suite de leurs échauffourées. Tous deux étaient littéralement en train de se réduire peu à peu en charpie.

Je tiens à préciser que ma méthode ne peut en aucun cas purger un chien de ses tendances agressives. Comme je l'ai expliqué précédemment, un chien ne peut désapprendre à mordre : cela fait instinctivement partie de sa nature. Je compare parfois les chiens au personnage de Rambo. Dans le premier film de la série, Rambo mène une existence tranquille comme toute personne normalement équilibrée, jusqu'au jour où il est obligé de se défendre. À compter de ce moment, il fait appel à un savoir qui a fait de lui un individu extrêmement dangereux. Croyez-moi, certains chiens sont, eux aussi, capables d'infliger des blessures graves aux hommes dans une situation de conflit. Les bull-terriers, par exemple, forment une race élevée spécialement pour sa combativité : lorsque l'occasion se présente, ils expriment leur pugnacité avec toute la férocité dont ils sont capables. Ma méthode ne peut en aucun cas débarrasser un chien de ses instincts primaires, quelle que soit sa race. Elle est toutefois en mesure d'aider son maître à faire en sorte qu'aucune situation conflictuelle ne vienne réveiller l'agressivité qui sommeille en lui.

Malheureusement, je n'étais pas libre de m'occuper de Reggie, Christine n'ayant pu obtenir de son maître la permission nécessaire. Celui-ci désirait avoir un chien de garde en fonction vingt-quatre heures sur vingt-quatre. Mais il en allait autrement dans le cas de Basil. Dès que je le vis, je compris on ne peut plus clairement qu'il avait été élu chef de meute malgré lui. Il en avait tous les symptômes : il tirait sur sa laisse, sautait dans les airs et aboyait. Il était persuadé d'être responsable de la maisonnée. Il avait même pris l'habitude de sauter sur le comptoir de la cuisine pour mieux observer ce qui se passait dehors à travers la fenêtre.

Christine entreprit la démarche habituelle qui consiste à entrer en contact avec son chien. J'insistai pour que, durant cette période, elle empêche à tout prix Basil de se rendre dans la partie du jardin où se trouvait Reggie. Il fallait éviter à tout prix que les deux chiens se voient. Lorsque je sentis que Basil était prêt à passer à l'étape suivante, nous l'emmenâmes à l'extérieur. Je lui avais fait mettre une laisse et un harnais. Je me doutais qu'il serait particulièrement agité et je ne voulais pas courir le risque qu'il s'échappe. Pour la suite des événements, nous avions enfermé Reggie dans une cabane.

Mais dès que Basil se retrouva sur le territoire de son vieil ennemi, nous avons fait sortir Reggie de sa cachette, tout en le laissant enchaîné. Je me suis agenouillée, tout en retenant doucement et calmement Basil, qui se trouvait à environ six mètres de l'extrémité de la chaîne. Je me demande encore aujourd'hui comment le piquet qui retenait cette chaîne a pu rester en place. Reggie se rua littéralement sur Basil en rugissant. Comme toujours, ce dernier était fin prêt pour la confrontation et je m'accrochais à lui pour éviter le pire. Les deux bêtes étaient bien décidées à se tailler mutuellement en pièces. Pendant toute cette démonstration d'agressivité, je m'assurai simplement qu'ils ne pouvaient se rejoindre l'un l'autre.

Avec le temps, leur taux d'adrénaline alla en diminuant et ils finirent par s'épuiser. Le rituel ne dura pas six heures et demie, comme chez les loups, mais à peine un quart d'heure. Dès l'instant où ils cessèrent de se menacer, Christine fit son apparition et, comme nous avions convenu d'avance, présenta à chacun un bol de nourriture. C'était notre façon d'envoyer aux deux ennemis de toujours un message en deux volets. Nous voulions, dans un premier temps, que le fait d'être en présence l'un de l'autre ait une connotation positive dans leur esprit. Nous voulions qu'ils comprennent par ailleurs que cette heureuse éventualité n'était possible que s'ils restaient calmes.

Je ne suis pas encore en mesure d'affirmer que mon intervention fut un succès total. Ces deux chiens se sont combattus tellement longtemps qu'il serait illusoire de croire que je pouvais résoudre le problème du jour au lendemain. Basil a bien réagi à ma méthode; il est beaucoup plus paisible lorsqu'il est confronté à Reggie. Tous deux ne se sont pas battus depuis un certain temps, de sorte que Basil n'a pas eu besoin de points de suture depuis. Si j'avais pu m'occuper également du rottweiler, il ne fait aucun doute dans mon esprit que tous deux auraient pu coexister en paix. Mais ce n'est pas encore le cas. Mon seul espoir, c'est que Basil en vienne avec le temps à ignorer complètement son vieil ennemi.

Lorsque nous roulons en voiture, quel que soit notre degré de maîtrise du volant, nous courons toujours le risque de croiser un autre automobiliste ne possédant pas les capacités nécessaires pour conduire une auto. Tout propriétaire de chien est aux prises avec le même genre de péril chaque fois que lui et son compagnon quittent la sécurité de leur demeure. Dans l'ensemble, faire faire une promenade à son chien reste une activité agréable qui, parfois, permet de rencontrer des gens intéressants. J'ai pu ainsi, au fil des ans, nouer des liens d'amitié avec d'autres propriétaires de chiens. Malheureusement, la plupart des maîtres se trouvent un jour ou l'autre aux prises avec une situation où leur compagnon est confronté à un animal agressif.

Il n'y a hélas! rien que nous puissions y faire. Certains ne sont pas aussi scrupuleux – ni aussi habiles dans l'art de maîtriser leur chien – que la plupart des personnes avec qui je collabore. Tôt ou tard, un maître consciencieux est victime d'un maître irresponsable et il importe d'en rester conscient. Comme je l'ai déjà mentionné, il est impossible d'empêcher un chien de faire appel à ses instincts naturels lorsqu'il n'a pas la possibilité de fuir devant une situation conflictuelle. À mon avis, la meilleure chose à faire en pareil cas reste encore de tenter d'éviter de telles éventualités ou de ne pas y prêter attention lorsqu'elles se produisent.

Par contre, il est en notre pouvoir de faire en sorte que notre chien ne soit pas l'agresseur. Je m'appuie, en disant cela, sur cette réalité tangible que constitue la nature animale et qui est au cœur même de la force régissant le comportement des loups. La vigueur avec laquelle ces derniers marquent leur territoire est telle que chaque bande se cantonne chez elle. Il est rare que des conflits surviennent.

Si nous gardons ces observations à l'esprit, nous devons admettre qu'il n'est pas naturel pour les chiens domestiques d'entrer en contact avec des chiens appartenant à d'autres meutes. N'oublions pas qu'une meute peut se composer, aux yeux d'un chien, de deux individus : un autre chien et son maître. Pour un animal convaincu d'être le chef de sa meute, de tels contacts représentent un danger potentiel. En cas de conflit, il fera tout pour protéger ceux dont il a la garde. Son appréhension sera à son comble si une telle rencontre se produit sur les lieux mêmes où il a l'habitude de se balader, tel le parc de votre quartier, par exemple. Sa responsabilité à l'égard de la meute l'oblige en effet à défendre son territoire contre toute menace extérieure.

Je vous suggère d'apprendre à votre compagnon à surmonter cette anxiété naturelle en le soumettant à un petit exercice dit du « rendez-vous des meutes » que vous pouvez lui faire faire au moment où vous vous apprêtez à partir en balade avec lui. L'idée est d'habituer votre chien à entrer en contact avec d'autres chiens et leurs maîtres sans que de telles rencontres ne provoquent d'incidents. L'objectif à long terme est de le rendre aussi indifférent aux autres chiens que le citadin moderne l'est vis-à-vis de ses congénères. Quand un chien en croise un autre, son propriétaire ne devrait prêter aucune attention à l'animal. Si votre chien suit votre exemple en ne réagissant pas, donnez-lui une friandise en guise de récompense. Encore une fois, cela aide le chien à établir une connexion positive dans son esprit. Les principes que vous lui aurez déjà inculqués à la maison vous faciliteront la tâche. L'essentiel, c'est que vous fassiez preuve d'autorité, une qualité que votre chien saura reconnaître et accepter.

Mais quel que soit le degré de maîtrise que vous ayez sur votre compagnon, il n'y a rien que vous puissiez faire pour contrôler les chiens des autres. On me demande souvent quels sont les indices qui permettent de reconnaître un chien agressif. Il est en effet normal de chercher à savoir comment réagir lorsqu'un chien en provoque un autre. Qu'est-ce qui pousse un chien qui grogne à passer à l'attaque ou quels sont les mécanismes qui déclenchent une agression ? Je réponds invariablement qu'il convient davantage d'observer le comportement du propriétaire du chien que l'animal lui-même. Laissez votre chien apprécier lui-même son vis-à-vis.

Si un maître est calme et rayonnant, son chien le sera tout autant. À l'inverse, si ce propriétaire est agité, a l'air agressif ou angoissé et qu'il éprouve de la difficulté à tenir son chien en laisse, il y a de fortes chances pour que son compagnon soit, lui aussi, passablement irritable. Un chien accompagné d'un tel maître est susceptible d'agresser ses congénères. Lorsqu'un autre chien attaque le vôtre, votre autorité sur lui sera plus que jamais mise à rude épreuve. Je vous conseille d'éviter à tout prix ce genre de confrontation. N'allez surtout pas aggraver la situation en critiquant l'autre propriétaire. Il est indispensable que quelqu'un garde son calme en pareil cas. Souvenez-vous du poème de Kipling et gardez la tête froide, car la situation l'exige.

On me demande souvent pourquoi je ne recommande tout simplement pas aux propriétaires de prendre leur chien dans leurs bras en pareil cas. Ma réponse est que ce serait là envoyer un message ambigu à votre chien. Ce serait tout d'abord l'empêcher de se positionner face à son congénère et, par conséquent, d'évaluer par lui-même la situation. Ce serait aussi courir le risque d'être éventuellement mordu. Il est de loin préférable, à mon avis, de faire preuve de leadership et d'enseigner à votre chien une manière de réagir qui pourra lui servir de nouveau au besoin.

Il ne fait aucun doute que la crainte d'assister à une bataille de chiens peut gâter le plaisir de se promener avec son animal de compagnie. Le cas de Miss Artley, infirmière à la retraite, en est la plus belle illustration. Celle-ci vivait dans une jolie petite villa située près d'une station balnéaire. Elle y partageait sa vie avec deux magnifiques briards prénommés respectivement Ben et Danny. Malheureusement, ses deux compagnons étaient devenus de plus en plus agressifs à l'égard des autres chiens rencontrés au cours de leur balade journalière. Chacun pesant près de cinquante kilos, ils étaient énormes. En comparaison, la chétive Miss Artley faisait à peine quarante-cinq kilos. Elle arrivait difficilement à maîtriser Ben et Danny lorsqu'ils tiraient sur leur laisse et il était certainement hors de question pour elle de les prendre dans ses bras au moindre signe d'altercation. Il s'ensuivait qu'elle était impuissante à les arrêter lorsque ses chiens déclenchaient la bagarre.

Lorsqu'elle fit appel à mes services, les choses s'étaient dégradées à tel point que la pauvre femme s'était résignée à ne sortir ses chiens qu'à des heures impossibles. Elle les promenait une première fois à minuit, puis à cinq heures du matin, de manière à éviter tout risque de confrontation. Comme beaucoup de personnes que je rencontre, elle avait visiblement des doutes quant à ma capacité de l'aider réellement. Ce qui est tout à fait compréhensible. Fort heureusement, il m'a suffi de cinq minutes pour la convaincre de l'efficacité de ma méthode.

Ses deux chiens étant par trop énergiques, elle les gardait dans son jardin. Sa maison était impeccablement tenue et leur exubérance n'aurait fait que détruire les précieux objets dont elle s'était entourée. Moins de cinq minutes après mon arrivée, j'avais réussi à calmer leurs ardeurs. Comme toujours, dès que je mis le pied dans la maison, je leur envoyai de vigoureux messages leur signifiant que j'étais le chef de la meute et que je disposais de l'autorité absolue. Bientôt, les deux chiens étaient étendus paisiblement dans le salon pour la première fois depuis les six années que leur maîtresse les avait.

Mais le principal problème de cette dame, c'était l'heure de la promenade. Je lui proposai une solution toute simple. Mon objectif était de faire en sorte qu'elle évite toute situation susceptible de provoquer un affrontement entre ses deux chiens et d'autres animaux. Je lui demandai par conséquent d'utiliser un peu de nourriture comme moyen de détourner leur attention chaque fois qu'ils croiseraient d'autres chiens. Si, par exemple, elle apercevait un autre chien se balader dans la rue, elle devait changer de trottoir afin d'éviter toute confrontation. Une fois qu'ils avaient traversé la rue en toute sécurité, elle devait les récompenser au moyen d'une friandise. Non seulement cette action toute simple éliminait toute possibilité de conflit, mais elle montrait aux chiens que leur maîtresse avait pris sur elle de protéger ainsi leur meute. J'insistai auprès de Miss Artley pour qu'elle conserve son calme lorsqu'elle devait affronter ce genre de situation.

Pareil problème ne se règle pas le temps de le dire. Il est crucial de parvenir à communiquer avec son chien avant de pouvoir entreprendre toute promenade avec lui. Dans les cas les plus extrêmes, je recommande même de confiner l'animal à la maison pendant une semaine complète avant qu'il soit mis face à une situation susceptible d'engendrer un conflit. De tels affrontements se produisent chaque fois qu'un chien est persuadé de devoir repousser une attaque contre sa meute, à l'égard de laquelle il se sent une énorme responsabilité. S'il a au préalable été rétrogradé au rang de simple membre de la meute, il acceptera plus volontiers les décisions de son nouveau chef.

Miss Artley se conforma strictement à mes directives et, en moins de deux semaines, elle pouvait se promener sans problème avec ses deux chiens à des heures plus régulières. Les changements opérés dans sa vie me semblèrent évidents lorsqu'elle m'appela un an plus tard, le jour de l'anniversaire de ma première visite à son domicile. Elle me fit savoir que Ben, Danny et elle revenaient tout juste de la plage, où ses chiens s'étaient égayés tout l'après-midi avec leurs nouveaux petits camarades. Ils s'étaient parfaitement intégrés à leur nouvel environnement.

Chapitre 14

Comment traiter les chiens
qui ont peur du bruit

On me demande souvent ce qu'il y a de mal à ce qu'un chien soit persuadé d'être le chef de sa meute. Après tout, ne nous apprend-on pas qu'il est important, pour nous êtres humains, d'avoir une solide estime de soi pour pouvoir fonctionner adéquatement dans la vie? En démettant un chien de ses fonctions, ne risque-t-on pas de le priver ainsi d'une bonne part de sa confiance en lui-même? Si le monde dans lequel nous vivons avait été créé par les chiens pour les chiens, la réponse à cette question pourrait être différente. Mais la réalité est que les chiens vivent dans un

monde conçu en fonction des besoins des humains. Et c'est là tout
le problème. Et c'est pourquoi la réponse à la dernière question
se doit d'être un « non » catégorique. Le chien est fermement
convaincu de l'existence du système hiérarchique au sein duquel
il est né. S'il est persuadé d'être le meneur, il est aussi convaincu
d'en savoir plus qu'aucun de ses subalternes. Son raisonnement
est simple. Si un membre inférieur de la meute avait plus de
connaissances que lui, celui-ci serait obligatoirement le chef. Tant
qu'un chien a la conviction de devoir jouer ce rôle, il se croira obligé
de prendre des décisions en toutes circonstances. Or, rien n'est plus
dangereux que de permettre à un animal d'agir de la sorte ; face
à une situation nouvelle, un chien agira en inventant de nouvelles
règles de conduite.

Il importe de comprendre de nouveau qu'un chien est comme
un enfant. Quelle que soit l'intelligence de l'enfant, quel que soit
le degré de confiance qu'il a en lui-même, quel parent sensé auto-
riserait son fils ou sa fille de cinq ans à conduire la voiture familiale ou à aller faire les courses ? Aucun, cela va de soit : un gamin
est tout simplement incapable de faire face à ce genre de situation.
La différence entre un enfant et un chien, c'est évidemment que
l'enfant grandira un jour. Mais les chiens, eux, restent des animaux
de compagnie toute leur vie ; on ne peut donc décemment pas leur
confier ce genre de responsabilité.

Le danger qui existe en laissant un chien croire qu'il est le
meneur n'est jamais aussi évident que lorsqu'il est confronté à
des bruits et à des images dont il ne comprend pas la signification.
De telles situations représentent dans son esprit un danger potentiel pour les membres de sa meute. Or, comme quiconque a déjà

vu un chien courir après une automobile ou devenir agité en entendant le bruit du tonnerre le sait, c'est sur l'animal lui-même que la menace pèse le plus lourd en pareil cas.

On m'a demandé à plusieurs reprises de m'occuper de cas semblables. J'ai eu à traiter des chiens qui deviennent fous furieux dès qu'ils entendent une voiture ou un camion, d'autres qui hurlent et aboient sans arrêt en entendant le tonnerre et en voyant des éclairs ou en assistant à un feu d'artifices. De tels événements sont susceptibles de grandement perturber un chien. Qui n'a pas entendu parler qu'un chien s'était fait écraser après s'être précipité sur la voie publique en entendant une voiture pétarader? Il s'agit là d'un grave problème. Et, dans chaque cas, la source du problème est la même : l'animal est incapable d'assumer son rôle de chef de meute. Le plus grave danger provient du fait qu'il ne possède pas les capacités nécessaires pour endosser une telle responsabilité et qu'il se sent impuissant face à la situation. Il n'a d'autre choix que de paniquer.

La plupart de mes connaissances actuelles proviennent de mes expériences personnelles avec mes propres chiens. Il y a encore quelques années, je redoutais plus que tout le 5 novembre. Cette nuit-là est certes la plus bruyante de toutes dans tout le Royaume-Uni[2]. Au fil des ans, ma demeure, qui jouxte le terrain où les dirigeants de ma commune organisent le plus important feu d'artifices de la région, est devenue un refuge pour quantité de chiens traumatisés. Il y a quelques années, pendant que les fusées pétaradaient, quelqu'un est venu frapper fébrilement à ma porte. Un

---

[2] La « Bonfire Night », comme on l'appelle, commémore la tentative infructueuse de Guy Fawkes, en 1605, de faire sauter le parlement anglais. (*N.D.T.*)

passant avait retrouvé un pauvre chien paralysé par la peur, assis au milieu de la chaussée juste en face de chez moi. La personne avait cru à tort que l'animal m'appartenait, car son maître restait introuvable. Je ne pus m'empêcher de sourire en apercevant un homme tenter de l'amadouer à l'aide d'un biscuit. Aucune nourriture n'aurait pu détourner l'attention de cette pauvre bête du bruit assourdissant qui emplissait l'atmosphère. Je pris le chien délicatement dans mes bras et l'emmenai à l'intérieur. Je découvris par la suite que l'animal se prénommait Sophie. Elle resta des heures pétrifiée dans ma cuisine. Je la laissai seule, lui offrant de l'eau et de la nourriture. Il fallut trois jours avant que son propriétaire ne vienne la réclamer.

La même chose se produisit l'année suivante, alors qu'on me ramena un border collie femelle à la robe noire et blanche. De toute évidence, elle s'était échappée au moment où les détonations avaient commencé. Pour la calmer, je l'installai dans ma voiture, mis le moteur en marche et fis jouer la radio jusqu'à la fin du spectacle. Heureusement, son propriétaire apprit où l'animal avait trouvé refuge; il fut soulagé de pouvoir le récupérer à la fin de la soirée.

Mais il n'y a pas que les chiens des autres qui vivaient ces événements comme un drame. Le spectacle avait également coutume d'effaroucher Kim, mon petit beagle. La première fois, je crois que je me contentai de caresser cette pauvre petite bête qui tremblait de tous ses membres. Une autre année, je mis Kim et le reste de ma meute dans la voiture et me rendis à la campagne afin de m'éloigner du bruit. J'avais réagi exactement comme lorsque mes enfants se réveillaient en sursaut au milieu de la nuit à cause d'un violent orage. En pareilles circonstances, notre instinct nous dicte de réunir les nôtres autour de nous et de les réconforter. Nous agissons tout naturellement comme le fait Julie Andrews dans le film *La Mélodie du bonheur* lorsqu'elle réunit les enfants Von Trapp autour d'elle et commence à leur chanter leurs mélodies préférées. Je me souviens avoir dit aux miens que des anges jouaient aux quilles !

Mais, à mesure que ma méthode prenait corps, je compris que c'était une grave erreur que de vouloir agir avec les chiens comme on le fait avec ses enfants. Je ne faisais de la sorte que les conforter dans leur comportement. Il me fallait au contraire agir comme si de rien n'était et leur montrer que de tels bruits étaient sans importance. J'ai compris cela le jour où il est devenu clair pour moi que les chiens sont absolument convaincus que leur meute doit obligatoirement avoir un chef. Quand un chien choisit son maître comme leader, il est alors persuadé que ce dernier a davantage de connaissances que lui, faute de quoi il ne serait pas le meneur. Par conséquent, il me fallait, en pareilles circonstances, traiter toute la situation avec la plus grande indifférence. Je devais rester calme et faire comme si je n'entendais pas le bruit. De nouveau, le poème de Kipling était de mise. Le chef se doit de « conserver son courage et sa tête quand tous les autres les perdent ». J'en conclus que si un chien avait foi en son maître et que ce dernier ne se préoccupait pas du bruit, l'animal en ferait autant.

Ce principe se révéla fondé le jour où je me trouvai en face d'un problème similaire, à savoir un chien apeuré par le vrombissement des voitures. D'après mon expérience, lorsqu'un chien entend le bruit d'un moteur d'automobile ou de camion qui file à toute allure à quelques mètres de lui, cela peut constituer pour lui une expérience des plus traumatisantes et des plus déconcertantes. Je connais certains propriétaires de chien qui sont impuissants à conduire leur compagnon là où il y a de la circulation automobile. Pour ceux qui vivent dans des centres urbains, de telles situations condamnent le chien et son maître à rester confinés chez eux.

Peu après avoir commencé à utiliser ma méthode, un homme d'un certain âge vint me trouver en me disant qu'il avait de sérieuses difficultés à faire faire sa promenade à Minty, un magnifique border collie femelle à la robe bleu foncé qu'il avait accepté d'héberger pour le compte de son frère qui travaillait outre-mer. Tous les midis et tous les soirs, cet homme avait coutume de rendre visite à sa femme, qui habitait dans une maison de retraite située à proximité. Le problème, c'est que ses visites étaient gâchées par le fait que Minty était totalement paniquée dès qu'elle voyait ou entendait une voiture. Or, le chemin qui menait à la maison de retraite était particulièrement achalandé. Le tuteur du chien avait été forcé de rebrousser chemin à plusieurs reprises, et la situation le troublait de plus en plus.

Je me rendis chez lui et commençai par passer en revue chacune des étapes du processus de prise de contact avec l'animal. Je tiens à préciser ici que, dans la mesure du possible, je travaille au domicile des gens, c'est-à-dire dans l'environnement avec lequel le chien est familier. Il y a deux raisons à cela. Premièrement, il y a de fortes chances que l'animal soit davantage lui-même chez lui; si vous retirez un chien de son territoire habituel, il se comporte, d'après mon expérience, d'une manière tout à fait singulière. Même le chien le plus heureux et le plus confiant en ses moyens peut céder à la panique lorsqu'on le sort de son environnement normal. L'autre

avantage de travailler au domicile des gens, c'est que le propriétaire de l'animal est témoin de tout ce que je fais. Il n'a pas l'impression que j'agis de manière secrète ou mystérieuse, sans compter
que lui se sent également plus à l'aise chez lui. Or, plus celui-ci
est calme et détendu, meilleures sont les chances qu'il assimile sans
difficulté les principes de base de ma méthode.

Dans le cas présent, le maître comprit aisément les grandes
lignes de ma méthode. Mais il était évident que le véritable défi
consisterait pour lui à aller à la promenade avec Minty. Je mis au
point à son intention une stratégie basée sur une idée toute simple.
Je voulais que l'animal considère comme une expérience agréable le fait de se promener le long de la voie publique. C'est pourquoi, après à peine une heure passée à entrer en contact avec lui
et m'être imposée à lui comme chef de meute, je lui mis sa laisse
et partis en balade avec lui.

La circulation était dense à ce moment-là, exactement comme
je l'avais espéré. Dès que le chien se mit à réagir devant le premier véhicule qui passa devant nous, je lui dis : « Viens, Minty ! »
tout en lui offrant un bout de fromage. Je fis de même pour chaque
voiture qui suivit. Si Minty refusait de venir à moi et continuait
d'aboyer, je me contentais de faire comme si de rien n'était. Il était
hors de question que je la récompense lorsqu'elle adoptait un
comportement indésirable. Mais si elle venait à moi, je lui donnais
un peu de fromage et la félicitais. Je continuai ainsi tout le long
du chemin à parcourir. C'était une rue passablement achalandée
et il ne fallut pas longtemps avant que Minty ne se tourne vers
moi plutôt que vers la rue chaque fois qu'elle entendait le son
d'une automobile qui s'approchait de nous. Une douzaine de

voitures nous avaient dépassées et je n'avais plus besoin de lui donner de nourriture. Nous étions sorties depuis à peine un quart d'heure. La solution avait été toute simple : j'avais réussi à remplacer une mauvaise association par une meilleure. Je remis Minty entre les mains de son maître, et celui-ci put bientôt se diriger vers la maison de retraite annoncer la bonne nouvelle à sa femme.

Il n'est pas nécessaire qu'une voiture pétarade pour distraire un chien. Dans le cas de Bonnie, une femelle à la robe noire et ocre, issue du croisement entre un corgi et un border collie, qui vivait avec sa famille adoptive dans le Lincolnshire, le simple bruit de la sonnerie du téléphone suffisait à la rendre extrêmement agitée. Comme cela se produit souvent, Pat, la propriétaire de Bonnie, fit appel à moi pour diverses raisons. L'animal présentait plusieurs symptômes d'agressivité nerveuse : il tirait sur sa laisse, sautait dans les airs et aboyait. C'est en discutant avec Pat que j'appris à quel point Bonnie devenait agitée en entendant le téléphone sonner. Chaque fois, elle se mettait en rogne, haletait péniblement, courait en tous sens et allait même jusqu'à hurler. Ses réactions étaient devenues à ce point excessives qu'elle se mettait même à lécher la moquette jusqu'à ce que la sonnerie s'arrête, et parfois même pendant le quart d'heure qui suivait !

Curieuse de voir de quoi il retournait, je me rendis chez Pat et, une fois sur place, l'appelai à partir de mon téléphone mobile. Comme de fait, Bonnie se comporta comme une véritable névrosée. Mais ce petit exercice me permit d'en apprendre autant sur Pat que sur son chien. Elle réprimandait l'animal et ne cessait de lui crier d'une voix perçante : « Arrête ! » Je ne fus pas surprise d'apprendre que Pat avait pris l'habitude de se précipiter sur le combiné chaque fois que le téléphone sonnait. Autant de comportements qui ne faisaient qu'aggraver le problème.

L'anxiété de Bonnie était due au fait qu'elle se percevait comme le chef de la « meute familiale » où elle habitait, et le son du téléphone constituait pour elle une menace. Son incapacité à faire face adéquatement à ce péril inconnu la paniquait complètement. La réaction émotive de Pat ne faisait qu'ajouter à la pression qu'elle subissait. Le fait pour Bonnie de lécher la moquette constituait une réaction obsessionnelle qui témoignait de son état d'abattement. Ma tâche consistait dans un premier temps à dédramatiser la situation et à commencer de persuader Bonnie qu'elle n'avait plus à s'inquiéter lorsque le téléphone sonnait.

Dès mon arrivée, je ne cessai d'envoyer à Bonnie des messages lui signalant que j'étais le chef de la meute. Satisfaite de constater qu'elle me percevait comme telle, je lui mis une laisse, m'assis calmement près d'elle et composai de nouveau le numéro de Pat à l'aide de mon téléphone mobile. Au moment où la sonnerie retentit, je restai parfaitement calme. Je laissai le téléphone sonner plusieurs fois sans réagir de quelque façon que ce soit. En dépit de son désarroi, Bonnie comprit bientôt que quelque chose de différent était en train de se produire. Histoire de l'encourager à rester tranquille, je la récompensai à l'aide d'un bout de fromage. Je voulais ainsi la désensibiliser et l'aider à établir désormais un lien positif avec la sonnerie du téléphone.

Bonnie réagit bien et, même si elle était agitée, elle demeura près de moi sans broncher. Au cours de l'heure qui suivit, je répétai l'expérience toutes les quinze minutes environ. La quatrième fois, Bonnie n'eut aucune réaction. Son comportement frénétique était chose du passé, de même que son habitude de lécher la moquette. Depuis, elle reste indifférente aux sonneries du téléphone.

Ce sont trois de mes chiots qui m'ont fait comprendre à quel point il est important de créer des associations positives dans l'esprit des chiens. Sadie, la fille de mon berger allemand Sasha, allait bientôt avoir un an pendant que Molly, un springer anglais femelle, et son demi-frère Spike Milligan, étaient respectivement âgés de sept et cinq mois. Le 5 novembre approchait et j'avais terminé tous les préparatifs nécessaires pour que cette première expérience ne les traumatise pas. Je les avais gardés à la maison et avais installé un appareil de télévision dans la pièce où ils avaient coutume de manger et de se reposer. Je comptais ainsi que le son de la télé couvrirait le bruit des feux d'artifices le moment venu.

Mais j'étais si prise par mes autres occupations que j'oubliai de fermer la porte lorsque je sortis dans le jardin pour admirer le spectacle. Avant même que je n'aie eu le temps de réagir, les trois chiots me sautaient dessus. Ils n'auraient pu trouver pire (ou meilleur!) moment pour venir me voir. À peine étaient-ils tous là que la première fusée traversa le ciel en sifflant et explosa en un flamboiement de couleurs.

Je n'ai pas eu le temps de l'admirer. Dès que la détonation se fit entendre, Spike fut pris de panique. Il se jeta au sol et vint s'entortiller autour de mes pieds. Quant aux deux autres, ils se mirent à ramper en me jetant de grands yeux dans l'espoir que je leur indique quoi faire. J'avais alors suffisamment d'expérience pour savoir qu'il me fallait agir avec détermination. Je leur dis simplement en souriant, sur un ton désinvolte: «Vous avez entendu le gros pétard !» Puis je continuai de vaquer à mes occupations. Cela suffit à les calmer. Quelques instants plus tard, ils s'étaient tous relevés et avaient commencé à s'éloigner de moi. Ils passèrent la demi-heure suivante à regarder le ciel à leur tour. L'année suivante, au moment où le feu d'artifices débuta, ils se mirent à gratter à la porte dans l'espoir d'assister à la fête. De toutes les nuits de l'année, c'est désormais celle qu'ils préfèrent, à mon avis !

Chapitre 15

Conseils relatifs à l'adoption d'un chiot

Une bonne partie de mon travail consiste à traiter des chiens à problèmes, c'est-à-dire des animaux qui présentent divers troubles de comportement: cela va des chiens qui tirent sur leur laisse à ceux qui détériorent les biens de leur maître. Le passé de ces chiens est invariablement à l'origine de leurs problèmes. Sans le savoir, leurs propriétaires leur ont envoyé pendant des années des messages erronés quant à leur rôle véritable. Ma tâche consiste à établir un nouvel équilibre, à instaurer un nouvel ordre des choses qui fera en sorte qu'à l'avenir les conditions de vie seront meilleures et plus paisibles, tant pour ces chiens que pour leurs maîtres.

Il n'est pas nécessaire d'être un génie pour comprendre que le meilleur moyen d'éviter pareils ennuis consiste à bien dresser son chien dès ses premiers pas dans la vie. Un chiot offre par conséquent une occasion rêvée de commencer du bon pied. Certains sont étonnés d'apprendre que des propriétaires de chiots nouvellement acquis font appel à mes services. En réalité, de tels cas sont toujours les bienvenus. Ce sont à mes yeux des maîtres idéaux, des gens qui aiment et respectent leurs animaux et cherchent à les comprendre dès les premiers instants de leur vie commune. Avant de faire l'acquisition d'un chien, il serait bon de s'informer à son sujet. Trop peu de gens se donnent hélas ! la peine d'en faire autant.

J'ai des idées très arrêtées à propos de qui devrait ou ne devrait pas adopter un chiot. Certaines personnes n'ont tout simplement pas les aptitudes nécessaires pour s'occuper d'un chien, et encore moins d'un jeune animal faible et vulnérable. On ne devrait par conséquent jamais offrir un chiot en présent à un enfant. Je suis catégorique à ce sujet : si un enfant désire un jouet, qu'on lui fasse cadeau d'une poupée ou d'un train. Un chien n'est pas un jouet.

Je dois admettre que mon opinion à ce sujet a pu heurter certaines personnes dans le passé. Il est en effet très rare que j'accepte de placer un chiot dans une famille lors d'une première visite. Je préfère m'assurer que l'animal aura un foyer convenable, et je reste ferme sur ce point. Je me souviens d'avoir un jour refusé de remettre un chiot à une famille qui avait parcouru plus de trois cents kilomètres pour me voir. À une autre occasion, j'ai refusé de me départir d'un autre chiot qu'une famille désirait pour Noël. Les parents voulaient l'offrir en cadeau à leurs enfants. Devant mon refus, leur première réaction fut de me dire qu'ils en trouveraient bien un autre ailleurs. Certes, ils auraient fini par trouver quelqu'un disposé à leur vendre un chiot. Certains éleveurs ne se préoccupent guère du bien-être des animaux qu'ils vendent. Mais les parents finirent par accepter mes arguments. Mon raisonnement est fort simple : calme et constance sont au cœur de tout ce que j'entreprends. Or, la période de Noël est certes l'époque de l'année où les gens sont le moins calmes et le moins patients.

Je suis ravie de pouvoir dire qu'après discussion les parents décidèrent de revenir me voir la veille de Noël. Leurs enfants eurent la joie de voir leur nouvel ami, tout en sachant qu'ils ne pourraient le récupérer qu'après le temps des fêtes, lorsque le cours des choses serait revenu à la normale. C'était aussi une façon pour moi de m'assurer qu'ils désiraient effectivement avoir un chien et qu'ils étaient disposés à l'élever dans un environnement approprié. Je le leur remis au début de la nouvelle année, satisfaite de constater qu'il serait admis au sein d'un foyer convenable.

Il existe quelques règles d'or à respecter quand on décide d'adopter un chiot. La première est de ne pas retirer l'animal de son contexte initial avant qu'il ait atteint l'âge de huit semaines. Encore une fois, c'est la nature elle-même qui pousse à cette conclusion. Tous les chiots naissent au sein d'une même portée, qui constitue pour eux un environnement familial naturel. C'est là que le jeune chien apprend les rudiments de la vie. Il y apprend à socialiser en même temps qu'il apprend le langage de ses congénères. Selon moi, il peut être extrêmement préjudiciable de retirer un chiot à sa mère avant que ces huit premières semaines d'enseignement intensif ne soient terminées.

Une fois que le chiot a quitté son environnement familial, ce sont les quarante-huit premières heures dans son foyer d'adoption qui sont les plus cruciales. Cette une vérité cruelle à admettre mais qu'il faut savoir accepter et ne jamais oublier vu son importance : le chiot est un animal qu'on vient de retirer de la meute dont il faisait partie intégrante. Au sein de la portée, il trouvait confort, énergie et affection. On transplante en quelque sorte l'animal dans un environnement qui lui est totalement étranger et qu'il n'a pas choisi. Traiter un chiot comme on le ferait pour un chien adulte peut être traumatisant pour lui. Quel que soit le degré d'amour et d'affection qu'il recevra dans son foyer d'accueil, il s'agira inévitablement d'une expérience éprouvante pour lui. C'est pourquoi il importe selon moi de créer des liens très forts avec lui au cours de ces deux premiers jours.

Pour ma part, je fais tout en mon pouvoir pour qu'un chiot apprécie son nouvel environnement et que la vie lui semble la plus naturelle possible au sein de son nouveau cadre de vie. Je suis à cette fin partisane de l'idée de dormir avec lui la première nuit. Je ne veux pas dire par là qu'il doive dormir dans le lit de son nouveau maître. Un moyen pratique d'y parvenir consiste à dormir sur le canapé à côté de lui. C'est là un sacrifice minime auquel il faut consentir si l'on veut rassurer le chiot au moment où il est le plus vulnérable. Le lien ainsi créé vous servira lorsque, le lendemain, vous aiderez votre nouveau compagnon à explorer son nouvel environnement. Il est essentiel que le chiot s'y sente bien. C'est désormais l'endroit où il trouvera de la nourriture, de l'affection et un abri.

Il est par ailleurs tout aussi important que le chiot adopte immédiatement de bonnes manières. Pour des raisons que j'expliquerai plus loin, il ne m'apparaît pas approprié de faire semblant de manger devant lui. Mais les trois autres principes de ma méthode devraient par contre être appliqués sans tarder.

L'élément le plus important est sans doute d'instaurer un ordre hiérarchique après toute séparation. Bien qu'il soit tentant, pour un propriétaire qui ramène un chiot à la maison, de caresser cette petite boule de poils qui sautille devant lui, il est impérieux de n'en rien faire et de feindre d'ignorer l'animal au cours des premiers jours. Le message suivant doit être envoyé clairement et sans équivoque au jeune chien : « Je vais jouer avec toi, mais pas maintenant. Je te ferai savoir quand. » Il faut lui communiquer cette information dès le départ, c'est-à-dire aussitôt que survient une première séparation, même si celle-ci n'a duré que quelques secondes parce que l'animal est allé fureter dans une autre pièce.

Les deux attitudes peuvent paraître contradictoires. Comment un propriétaire de chien peut-il se montrer à la fois autoritaire et affectueux en imposant des règles aussi strictes ? me demande-t-on souvent. Ma réponse est que le plaisir que l'on peut retirer à posséder un chien qui apprend à jouer selon des règles appropriées est de loin supérieur à celui que l'on pourrait retirer dans un cadre où la discipline serait moins sévère. Il n'est pas question d'écarter toute forme d'agrément dans la relation avec l'animal, bien au contraire. Je parle uniquement de canaliser adéquatement son affection à l'endroit de son nouveau compagnon.

La bonne nouvelle, c'est que la règle des cinq minutes que je préconise après toute séparation donne généralement des résultats immédiats dans le cas des chiots. Le temps qu'un chien adulte souffrant d'un problème de comportement met à épuiser l'éventail d'astuces à sa disposition pour tenter d'attirer l'attention peut varier énormément. D'après mon expérience, cela peut aller de dix secondes à une heure et demie. Un chien adulte peut bondir en tous sens, aboyer et gémir pendant ce qui vous paraîtra une éternité. Pas un chiot.

Une fois que le chiot s'est calmé, le processus de dressage normal peut commencer. Et c'est à partir de cet instant que le plaisir véritable peut prendre place. Une partie de cet agrément consiste à lui choisir un nom. Il est impératif de l'utiliser dès le début. À cette étape, plus les propriétaires se montrent bienveillants envers l'animal, mieux cela vaut. Ils ne doivent pas se priver de le faire venir à eux chaque fois qu'ils le désirent, sans oublier de le récompenser et de le féliciter chaque fois qu'il agit conformément à leurs vœux. Ne vous limitez pas quant au nombre de fois que vous direz à votre compagnon qu'il est un bon chien !

L'un des plaisirs qu'il y a à dresser des chiots, c'est la rapidité avec laquelle ceux-ci acquièrent de nouvelles habiletés. J'ai constaté qu'un chiot comprend rapidement ce que vous attendez de lui, pour peu que vous répétiez trois fois l'exercice, quel qu'il soit. Comme pour les chiens plus âgés, vous saurez aisément quand le contact entre vous et votre chien aura été établi. Lorsqu'il se tiendra tranquille en agitant la queue ou qu'il attendra, assis sagement, que vous lui fassiez un signe, votre chiot vous indiquera ainsi qu'il vous a choisi comme chef de meute. À partir de ce moment, vous pourrez lui inculquer les autres principes sur lesquels se fonde ma méthode. Je recommande toutefois de n'emmener votre chiot à la balade que deux semaines après sa première série de vaccins, soit lorsqu'il est âgé d'environ quatorze semaines. Les chiots en bas âge ne sont tout simplement pas prêts à affronter le monde extérieur.

Selon mon expérience, il est préférable de les placer dans une bonne garderie pour chiots, où ils pourront s'amuser dans un cadre naturel similaire à celui qu'ils ont connu à leur naissance aux côtés de leurs frères et sœurs.

Il est toutefois important que le chiot apprenne dans le même temps à venir au pied convenablement. Cet exercice peut se faire à l'intérieur de la maison ou dans le jardin. Ce qui compte, c'est que votre chiot comprenne bien que sa place est à vos côtés. Encore une fois, le meilleur moyen d'y parvenir est de lui offrir une friandise en guise de récompense. Si l'animal insiste pour marcher devant vous, donnez du lest à sa laisse et faites en sorte qu'il revienne à sa place. Évitez à tout prix de vous livrer à un jeu de souque à la corde avec lui, car les chiots adorent jouer. Il sera toujours temps de jouer amplement avec lui par la suite. Pour l'instant, il doit apprendre les règles d'un jeu bien particulier. Et si vous n'établissez pas les règles du jeu dès le départ, c'est lui qui vous dictera rapidement les siennes, croyez-moi.

Dans mon esprit, le ton de voix que vous adoptez avec un nouvel animal est d'une extrême importance. Contentez-vous d'utiliser un timbre de voix agréable, sans jamais crier ou vociférer. N'oubliez pas que le chien est censé être le meilleur ami de l'homme. Sur quel ton vous adressez-vous à vos meilleurs amis : en les invectivant et en leur criant après ou en leur parlant calmement et gentiment ? Une fois que l'animal a pris l'habitude de réagir convenablement à vos instructions, vous pouvez même diminuer encore le ton de votre voix jusqu'à ce qu'elle ne soit plus qu'un simple murmure. Vous découvrirez plus tard tous les avantages d'un tel dressage. Lorsqu'un chien a l'habitude d'obéir

à des directives prononcées à voix basse, il sera d'autant plus attentif si son maître élève le ton.

En ce qui concerne l'accueil des visiteurs, les chiots ne doivent
pas être mis à contribution. Deux choses peuvent se produire en
pareil cas : ou le visiteur ne prête aucune attention au chiot à cause
de sa petite taille, ou, au contraire, il se laisse séduire par le charme
du jeune animal. Il est toutefois primordial de s'en tenir en tout
temps aux principes sur lesquels se fonde ma méthode. Qui ignore
encore qu'un chiot n'est pas un simple cadeau de Noël mais un
cadeau à vie ? Il en va de même avec ma méthode : il ne s'agit pas
d'un truc qu'on jette après usage, mais de règles qu'on doit mettre
en pratique à tout instant une fois qu'on a décidé de les adopter.

J'ai mentionné précédemment à quel point la nourriture constitue un puissant outil. C'est plus que jamais le cas lorsqu'on dresse
un chiot. Il importe toutefois de modifier subtilement les règles déjà
établies à cet égard afin de tenir compte du fait que nous sommes
ici en présence d'un cas particulier. L'objectif reste bien sûr le
même : nourrir son chien permet de consolider son autorité sur lui.
Un chiot âgé de huit semaines a généralement besoin de quatre
rations par jour. En lui donnant sa pâtée aussi fréquemment, vous
avez l'occasion de renforcer votre message. Vous êtes son pourvoyeur, celui qui détient le pouvoir au sein de la meute. Cela étant,
il est donc de peu d'utilité de faire semblant de manger avant lui.
Qui songerait à employer un marteau-pilon pour casser une
coquille de noix ?

La nourriture constitue par ailleurs un excellent moyen d'inculquer diverses autres notions à votre jeune compagnon. L'une
des plus simples consiste à lui apprendre à s'asseoir. Il s'agit là d'un

outil précieux, comme je l'ai déjà mentionné. Si vous utilisez la méthode décrite précédemment, qui consiste à présenter une friandise à votre chien puis à la placer au-dessus de sa tête, il apprendra rapidement à s'asseoir. Cette technique toute simple s'appuie sur le principe suivant, qui est déjà implanté dans le cerveau de votre chiot : agir dans le sens de ses intérêts. Je suis d'ailleurs toujours fascinée de voir avec quelle rapidité les chiots assimilent ce principe !

Chapitre 16

....

Comment traiter les chiots difficiles

Les chiots fournissent d'entrée de jeu l'occasion de dresser son chien convenablement. Mais, si on ignore comment acclimater un chiot à son nouvel environnement, on risque d'aboutir à des résultats désastreux. On me demande souvent de traiter des chiots devenus insupportables ; à peine ai-je mis le pied chez leurs maîtres que j'ai parfois l'impression de me retrouver au milieu d'une scène du film *Gremlins*. Au moment où je me présente chez eux, ces propriétaires qui, quelques semaines plus tôt, roucoulaient devant leur adorable nouveau compagnon en peluche vivent désormais dans la crainte d'une créature qui, à leurs yeux, s'est soudain transformée en petit monstre. En réalité, il est tout aussi facile d'engendrer un chiot au comportement aberrant que de l'habituer à bien se comporter.

Lorsque certains me demandent comment dresser un chien de façon à ce qu'il soit heureux et équilibré, il m'arrive souvent de leur demander de prendre le problème à l'envers. Si vous vouliez délibérément rendre un jeune chien complètement détraqué, comment vous y prendriez-vous? Vous lui parleriez sans doute dans une langue que l'animal serait incapable de comprendre, vous lui demanderiez d'accomplir des tâches pour lesquelles il n'est pas fait et vous passeriez vos journées à envoyer à l'animal des messages contradictoires qui auraient pour effet de l'empêcher de distinguer ce qui est bien de ce qui est mal. Un jour vous le récompenseriez pour sa vivacité et son exubérance, le lendemain vous le puniriez pour les mêmes raisons. Or, c'est là précisément ce que bon nombre de maîtres font avec leurs chiots, alors qu'ils devraient faire exactement le contraire. En réalité, le premier imbécile venu est en mesure de perturber un chien; seul un véritable ami des animaux peut rendre un chien heureux et comblé. Voici deux exemples de problèmes que je rencontre fréquemment chez les chiots: poussée des dents et malpropreté. Dans les deux cas, des propriétaires qui ont emprunté la mauvaise voie dès le début de la vie de l'animal sont à l'origine des ennuis de ce dernier.

De tous les problèmes rencontrés chez les chiots, le plus fréquent est certes dû à la poussée des dents. Il est de nouveau utile de comprendre un tant soit peu les forces naturelles à l'œuvre avant d'aborder cette question. Les chiots ont très tôt une rangée de petites dents pointues comme des aiguilles. Elles n'ont d'autre utilité que de permettre à l'animal de tester la puissance de ses mâchoires.

Comme beaucoup d'enfants qui font l'acquisition de leurs premières dents, les chiots s'exercent à mordre en se mettant dans la gueule tout ce qui leur tombe sous la patte. Au sein de la portée, ils mordillent leurs frères et sœurs. Ces derniers renvoient alors un message tout simple : ils poussent un cri en s'éloignant. Mais un chiot élevé seul dans un environnement familial se fera une joie de mordre tout ce qu'il peut introduire dans sa gueule, y compris les doigts de son maître.

Le meilleur moyen de régler ce problème reste encore, selon moi, de le prendre comme un jeu. Selon la méthode que je préconise, il n'y a aucune place pour la souffrance. Je préfère donc enseigner aux chiots les plus importantes leçons de la vie en m'amusant avec eux. Les chiots sont les candidats idéaux à ce chapitre, pour peu que les choses soient bien faites. Je vous recommande d'avoir sous la main une bonne quantité de jouets et autres objets que votre chiot pourra mordiller, et qui seront pour lui l'équivalent des anneaux de dentition qu'on donne aux bébés. Les chiots percent leurs dents sur une période de quatorze mois : équipez-vous en conséquence ! À vous de décider quels jouets vous souhaitez mettre à sa disposition. Il peut s'agir de petits bâtons, de chiffons mis bout à bout ou d'une serviette humide dans laquelle vous aurez fait des nœuds. Il est toutefois indispensable que ces objets soient de taille raisonnable ; des jouets trop petits pourraient facilement obstruer la gorge d'un chiot, et même d'un chien adulte.

Ces jouets sont fort utiles lorsqu'un chiot décide de jeter son dévolu sur des accessoires domestiques, tels les meubles. En pareil cas, je suggère de faire diversion en lançant un de ses jouets dans une autre direction pour qu'il puisse s'amuser avec. L'important est de ne pas pénaliser l'animal à cause de son exubérance naturelle. Le propriétaire doit canaliser l'énergie de l'animal de manière constructive. Si le chien réagit correctement, il suffit de mettre fin au jeu en remerciant l'animal. Reprenez-lui le jouet en lui disant: «Merci!» et en le récompensant. Il s'agit là d'une manière toute simple de renforcer le message qui sous-tend ma méthode. En tant que chef de meute, le maître est tenu de choisir le jouet ainsi que l'heure de la récréation, sa durée et le moment où elle se termine.

Vous devez absolument affirmer votre leadership chaque fois que votre chiot dépasse les bornes. Les chiots adorent jouer avec les tissus et mordre. Il faut tuer de telles velléités dans l'œuf. Si un chiot met ses dents, ne serait-ce que légèrement, autour de mon bras, je pousse un cri et m'enlève de là afin de le décourager de mordre encore plus fort. S'il persiste à mal se conduire, je l'isole en le séparant du reste de la meute pendant cinq minutes. Cela lui laisse le temps de se calmer, puis je le réintroduis silencieusement dans le groupe.

Rien n'est en effet plus facile que d'envoyer les mauvais signaux à un chiot qui perce ses dents, comme ce fut le cas pour un jeune akita du nom de Nuke. Lorsque je me rendis chez ses maîtres, une mère et ses trois enfants, ceux-ci m'expliquèrent que Nuke adorait mordre. Toute la famille se prêtait à ce jeu: on approchait un jouet ou une main de sa gueule et on le laissait mordiller. S'il leur donnait un coup de dents, on lui donnait une tape sur le museau. Au début, tout cela sembla très amusant. Par malheur, Nuke y mettait de plus en plus d'ardeur et avait commencé à faire mal aux enfants. Il les mordait chaque fois avec de plus en plus de brutalité.

Les akitas sont des chiens nobles et magnifiques, mais aussi très vigoureux, même en bas âge. Nuke avait déjà fait saigner les trois enfants alors qu'il n'avait que onze semaines. Les membres de la famille avaient alors entrepris de l'enfermer dans une des pièces de la maison. En discutant avec eux, j'ai compris qu'ils avaient commis un certain nombre d'erreurs. En stimulant notamment le désir naturel de Nuke de se faire les dents, ils s'étaient attiré des ennuis. Le chiot obligeait désormais ses maîtres à lui accorder leur attention sur demande. Il avait aussi appris comment les manipuler, en particulier au moment de la récréation.

Comme je l'ai expliqué, il est essentiel que le chef de meute reste maître de la situation. C'est lui qui doit décider de la nature du jeu, du moment où il débute, des règles du jeu et du moment où celui-ci se termine. Dans le cas présent, c'était Nuke qui prenait toutes ces décisions. Il fallait inverser les rôles. Je devais donc, dans un premier temps, rétablir les membres de la famille dans leur rôle de leaders. Les trois enfants étaient des adolescents en mesure de comprendre les principes en cause mais, comme il y avait beaucoup d'animation dans la maison et que d'autres enfants allaient et venaient à tout bout de champ, je leur demandai de confiner Nuke dans un endroit précis lorsqu'ils avaient de la compagnie.

Ils gardèrent Nuke dans la cuisine, derrière une barrière. Lorsque les membres de la famille se retrouvaient entre eux, ils lui permettaient de venir dans la salle de séjour. S'il arrivait en bondissant, ils étaient invités à lui bloquer le passage à l'aide de leur corps. S'il sautait dans les airs comme à son habitude, en espérant qu'ils le laisseraient les mordre, ils devaient retirer leur bras. S'il parvenait à les mordre, je leur suggérais de crier et de se détourner de lui, exactement comme les chiots d'une même portée le font en pareil cas. Nuke comprit rapidement qu'il n'obtiendrait pas leur attention comme il le souhaitait. Les chiens ne sont pas différents des êtres humains à cet égard : si leur comportement ne leur permet pas d'obtenir ce qu'ils désirent, ils cessent leur petit manège.

On ne tolérait plus de geste indésirable et Nuke dut se rendre à l'évidence : il lui fallait désormais calmer ses ardeurs, bien se comporter et se dominer. Et, comme je l'ai dit précédemment, la meilleure forme de domination reste encore de se maîtriser soi-même. En quelques semaines, le comportement de Nuke s'était sensiblement amélioré. Les enfants étaient en mesure de jouer avec lui un peu comme ils l'avaient fait auparavant, à cette différence près que les règles du jeu avaient changé. Ce sont eux qui décidaient du moment, du lieu et de la durée de l'activité. Nuke était en voie de devenir un chien raisonnable.

On me demande souvent de résoudre un autre problème courant : celui de la malpropreté. Il s'agit en effet d'un inconvénient susceptible de compliquer l'existence du chiot aussi bien que de son maître. C'était l'été 1997 ; on m'a prié de rendre visite à une famille qui avait des difficultés avec D'Arcy, un setter gordon à la robe noire et ocre qui avait des allures d'aristocrate, comme son nom le suggérait. Dès l'âge de cinq mois, c'était un bel animal qui avait des airs de noblesse et qui était destiné à devenir un magnifique chien adulte. Mais, pour le plus grand embarras de ses maîtres, D'Arcy avait commencé à dévorer ses propres excréments. Les membres de cette famille avaient bien tenté tout ce qui était en leur pouvoir pour le débarrasser de cette mauvaise habitude, mais en vain. Plus ils cherchaient à surveiller ses moindres faits et gestes, plus il s'efforçait d'échapper à leur vigilance. Il se dissimulait à présent dans les recoins du jardin ou se faufilait sous les buissons pour faire ses besoins. Ses maîtres étaient désemparés et ne disposaient plus d'aucun recours.

À peine avais-je rencontré D'Arcy que je compris qu'il souffrait de troubles aisément identifiables. Malgré son jeune âge, c'était un animal inquiet. Il faisait des bonds dans les airs et tirait sur sa laisse en plus de sauter constamment au visage des gens. Aux yeux de ses maîtres, il ne s'agissait même pas de symptômes, mais pour moi ils étaient tous reliés au nœud du problème : D'Arcy était déjà persuadé d'être le chef de sa meute. Tout en expliquant à la famille de quoi il retournait, je compris pourquoi le moment où l'animal devait satisfaire ses besoins était la cause de son anxiété. Il s'agissait d'une famille très scrupuleuse dont la manie de la propreté frisait presque l'obsession. Dès qu'ils avaient le sentiment que l'animal devait faire ses besoins, ils le prenaient dans leurs bras et le mettaient rapidement dehors en faisant beaucoup de manières. S'ils avaient le malheur de trouver ses excréments par terre, ils faisaient également toute une scène en les ramassant.

Selon moi, D'Arcy était angoissé non seulement parce qu'il se croyait le chef de la meute, mais aussi parce qu'il était persuadé d'avoir failli à sa mission. Une partie de son rôle consistait à rendre les membres de sa famille heureux. De toute évidence, il avait échoué à ce chapitre ; fort de ce sentiment, il avait tenté de supprimer la cause de leur mécontentement en mangeant ses excréments. Ma tâche était donc double. En plus de persuader D'Arcy qu'il n'était pas le chef de la meute, il me fallait dédramatiser la situation engendrée chaque fois qu'il devait satisfaire ses besoins.

Leur enseigner la propreté constitue un élément fondamental du dressage des chiens. Or, quantité d'idées contradictoires circulent à ce sujet. Certaines méthodes traditionnelles, comme mettre le nez du chien dans ses selles, frisent la cruauté. Elles n'ont rien à voir avec ma façon de faire. Il n'empêche qu'il faut bien apprendre à l'animal à être propre. Mais, d'après mon expérience, ce n'est pas en le sermonnant qu'on parviendra à lui inculquer des bonnes manières.

Je commençai plutôt par familiariser, comme si de rien n'était, les propriétaires de D'Arcy avec ma méthode de dressage, sans tenir compte du comportement du chiot. Comme c'était un chien difficile, il fallut un certain temps pour obtenir de bons résultats, mais, avec de la patience, ils y parvinrent. Afin de corriger la situation, je leur demandai d'encourager D'Arcy par le biais du mécanisme de stimulus et récompense. Ils étaient de toute évidence sur des charbons ardents à ce sujet. Je leur expliquai que ce serait au petit bonheur la chance. Jamais ils ne pourraient le surprendre à chaque occasion. Je leur demandai par conséquent de se concentrer sur les moments de la journée où il était le plus susceptible de faire ses besoins, à savoir tôt le matin, lorsqu'il se réveillait après avoir fait un somme et après les repas. Mais le plus important était qu'ils envisagent la situation avec sérénité et qu'ils cessent de dramatiser les choses. Je leur demandai par conséquent de ne plus courir en tous sens et de rester calmes et détendus. Je leur demandai également, comme toujours, de faire preuve de constance, afin que D'Arcy se rende bien compte où était son intérêt.

La première chose à faire était de l'empêcher de manger ses excréments. Si un membre de la famille était disponible au moment où l'animal faisait ses besoins, il devait le laisser terminer puis lui demander de venir en lui offrant une friandise en guise de récompense. Je réussis à les amener à féliciter D'Arcy à chaque occasion tout en le caressant et en lui donnant un peu de nourriture. Pendant que l'animal avalait la friandise, ils étaient libres d'enlever ses crottes discrètement.

Mentionnons au passage que l'apprentissage de la propreté constitue l'une des rares circonstances où vous pouvez aller à la rencontre de votre chien pour lui offrir une friandise. Une telle démarche ne risque pas, selon moi, de semer la confusion dans l'esprit de l'animal ; au contraire, cela renforce le message à l'effet qu'il est dédommagé uniquement s'il agit correctement. Il s'agit donc d'une récompense spéciale qui encourage le chien à fournir un effort supplémentaire. Habituellement, une telle façon de faire ne doit pas se poursuivre au-delà d'un certain temps ; il suffit de continuer jusqu'à ce que le chiot ait compris le message.

D'Arcy a réagi comme prévu ; très vite, il cessa de manger ses excréments. (Soit dit en passant, on peut accélérer le processus en ajoutant des courgettes ou de l'ananas au menu habituel du chien ; dans les deux cas, cet ajout rend les selles moins appétissantes.) Encouragée par ce succès, j'exhortai les membres de cette famille à trouver un endroit approprié où le chiot pourrait faire ses besoins. Je les invitai de nouveau à faire preuve de calme et de constance, et à ne pas s'énerver inutilement. Si l'animal faisait ses besoins ailleurs, ils devaient simplement ramasser ses crottes sans rien dire. Ils devaient en faire autant s'ils n'avaient pas eu la vigilance de le prendre sur le fait lorsqu'il se comportait mal. Je leur expliquai qu'il était encore plus vain de châtier l'animal après coup ; il aurait déjà tout oublié et ne pourrait qu'être étonné par un soudain accès de colère de leur part. D'Arcy réagit de nouveau comme je l'espérais ; après deux semaines de ce régime, il faisait toujours ses besoins au même endroit et, une fois qu'il avait terminé, il laissait ses crottes sur place sans les toucher. Toute la famille exulta de joie.

Chapitre 17

....

Comment traiter les cas d'incontinence

Même s'ils ont appris à être propres dès leur plus jeune âge, certains chiens recommencent parfois, lorsqu'ils sont adultes, à faire leurs besoins un peu partout. Chez les humains, le stress se traduit par de multiples symptômes qui vont de la maladie à l'abus d'alcool ; les chiens ont leurs manières à eux d'évacuer leurs tensions. L'une des moins agréables consiste à souiller la maison de leur maître. Aucun propriétaire de chiens n'apprécie ce genre d'incident. Au fil des ans, j'ai eu à traiter des douzaines de cas semblables. Certains m'appelaient parce que leur chien urinait dès qu'un étranger entrait dans la maison, ou parce qu'il urinait sur les meubles, les rideaux ou même sur leur maître. Nous trouverons encore une fois dans la nature l'explication à ce problème extrêmement déplaisant.

Loups et chiens sauvages sont des animaux très attachés à leur territoire. Lorsqu'ils sont en liberté dans leur environnement naturel, ils urinent et défèquent afin de bien délimiter celui-ci. Les odeurs ainsi répandues envoient un message clair aux autres animaux : toute violation de cet espace sera combattue par la force. Ce travail revient immanquablement aux chefs de la meute. C'est la raison pour laquelle les chiens ont gardé cette capacité de projeter de petits jets d'urine. Cette aptitude à conserver de l'urine dans leur vessie leur permet de marquer leur territoire sur une superficie considérable.

Il s'agit d'un comportement tout à fait valable en pleine nature, mais qui devient intolérable dans le cadre d'un environnement familial. Quand un chien se met d'instinct à faire ses besoins dans la maison, la chose est susceptible d'alarmer ses maîtres. Voici deux cas auxquels j'ai été confrontée, et qui montrent comment il est possible de régler le problème rapidement et, ce qui est encore plus important, proprement.

Un des tout premiers chiens que j'ai eu à traiter pour incontinence était un labrador femelle de sang mêlé du nom de Callie qui vivait en ville avec un couple. À l'image de ses maîtres, Susie et Tom, Callie était un animal doux. Au début, elle laissait des souillures humides sur la moquette, mais la situation avait vite empiré. Elle sautait notamment sur le canapé où elle urinait sans retenue. Le problème s'était aggravé au point où Tom et Susie avaient jugé nécessaire de recouvrir leurs meubles de housses protectrices.

Comme bon nombre de véritables amis des animaux qui font appel à mes services, Tom et Susie n'étaient pas irrités contre leur chien. Ils ne comprenaient tout simplement pas ce qui se passait et ils avaient le sentiment que la meilleure façon pour eux de remédier au problème consistait à approfondir la question. Au cours de notre première conversation téléphonique, j'ai su que le couple était particulièrement préoccupé par le fait que leur chien avait pris l'habitude de mouiller le canapé. Certaines personnes sont si aveuglées par un problème qui leur semble incommensurable qu'ils ne soupçonnent pas que celui-ci est dû à une cause encore plus fondamentale. Et c'était le cas ici. Lorsque je me rendis chez Tom et Susie, j'appris que leur chien ne souffrait pas simplement d'incontinence. Ainsi, Callie craignait de se retrouver toute seule dans le jardin. Le soir, elle refusait même de mettre le nez dehors. Pour moi, ce chien souffrait d'anxiété. Cette angoisse provenait du fait que ses maîtres lui avaient par inadvertance mis trop de responsabilités sur les épaules. Tom étant pompier, je n'eus aucune peine à faire comprendre au couple ce qui se passait.

Il m'est souvent arrivé de comparer les agissements des bandes de loups aux opérations menées par les brigades de sapeurs-pompiers. Cette analogie m'aida à démontrer les principes en cause ici. Un chien éprouve un tel respect pour les règles gouvernant le bon fonctionnement de sa meute qu'il fera tout en son pouvoir pour assurer la survie de cette dernière. « Tous pour un et un pour tous », telle est sa devise. Il n'y a pas de place dans son esprit pour ses intérêts personnels. Il en va de même au sein d'une brigade de pompiers. Lorsque le danger menace, tous agissent de concert, ce qui est rarement le cas dans notre société, où égoïsme et esprit de compétition constituent des valeurs dominantes. Les pompiers forment, bien entendu, une société fortement hiérarchisée. Mais, depuis le chef des pompiers jusqu'à la nouvelle recrue, chacun se respecte et respecte le groupe au sein duquel il œuvre. Il ne peut en être autrement, car leur vie à tous en dépend. Nous avions sous les yeux un chien qui était stressé parce qu'on lui demandait d'accomplir une tâche pour laquelle il n'était pas adéquatement préparé. Je comparai sa situation à celle d'une nouvelle recrue ou d'un stagiaire qui serait placé à la tête de toute une équipe dès le premier jour de son arrivée à la caserne. Le couple comprit aussitôt ce que je voulais dire et, bientôt, entreprit d'appliquer les principes de base de ma méthode de dressage.

Il n'y a évidemment jamais deux cas identiques. Il arrive parfois qu'un propriétaire doive s'astreindre à des exercices supplémentaires s'il veut obtenir tout le succès voulu. Dans le cas présent, en plus des quatre éléments déjà mentionnés, j'exhortai le couple à recourir aux techniques d'apprentissage de la propreté normalement destinées aux chiots. Ainsi, je les encourageai à suivre l'animal et à le récompenser lorsqu'il faisait ses besoins comme souhaité. Je m'assurai également qu'un oubli de la part de l'animal n'occasionnerait pas de drame familial. Calme et constance constituaient, comme toujours, la clé du succès. Ce n'est pas en créant une nouvelle situation angoissante qu'on soulage un chien de son anxiété.

Je fus moi-même surprise de la rapidité avec laquelle le couple obtint des résultats. J'étais allée chez Tom et Susie un samedi après-midi. Dès le lendemain, ils me passaient un coup de fil pour me faire savoir que le chien avait uriné par terre. En d'autres circonstances, pareille nouvelle aurait été consternante. Mais, dans le cas présent, il s'agissait d'un réel progrès. Le mercredi de cette semaine-là, ils me téléphonaient pour me dire que Callie avait commencé à faire ses besoins à l'extérieur, à l'endroit qu'on lui avait indiqué. Ce jour-là, elle n'avait en aucune manière souillé les meubles ou la maison.

La facilité avec laquelle ce couple parvint à débarrasser son chien de ses fâcheuses habitudes contraste fortement avec un autre cas, celui d'une animatrice de télé dont je fis la connaissance à l'époque où j'animais moi-même une émission. Georgie était une jeune femme séduisante et très entreprenante. Elle était très entichée de son chien, un bichon à poil frisé du nom de Derek. Malheureusement, celui-ci avait pris l'habitude de déféquer un peu partout dans la maison. Lorsqu'elle rentrait le soir, elle trouvait des excréments ici et là dans son salon. Le chien avait même commencé à en faire autant la nuit.

Comme si le problème n'était pas suffisamment déplorable en soi, le fait que la moquette avait des motifs brun foncé l'empêchait de discerner les selles de Derek. Tôt le matin, elle devait se baisser et inspecter minutieusement le parquet pour voir si celui-ci n'avait pas déposé des excréments additionnels au cours de la nuit. Mais même cette méthode n'était pas totalement efficace. Un matin, elle descendit de sa chambre pieds nus et marcha dans un souvenir que Derek avait laissé derrière lui. Elle me confia qu'elle avait déjà dépensé une fortune en gants de caoutchouc et en nettoyants. Non sans humour, Georgie avait rebaptisé son logement la Maison des Horreurs. En réalité, il n'y avait pas de quoi rire.

Lorsque je me rendis chez Georgie, je constatai aussitôt que Derek la suivait partout. Lorsqu'elle s'assoyait, elle se soumettait à ses caprices en le prenant dans ses bras et en le mettant sur ses cuisses. Elle commettait de toute évidence toutes les erreurs habituelles en lui accordant son attention dès qu'elle rentrait chez elle. Il était également manifeste que la malpropreté de Derek était liée au fait qu'il souffrait de l'angoisse de la séparation. J'ai d'ailleurs appris qu'il faisait le plus de dégâts près de la porte d'entrée, indice qu'il marquait ainsi l'accès à sa tanière.

Comme beaucoup de gens, Georgie accueillit ma méthode avec une certaine répugnance. La perspective de ne plus accorder son attention à son chien lui déplaisait souverainement. Elle avait naturellement tendance à le cajoler à la moindre occasion. À mon avis, elle se sentait en partie coupable de l'abandonner à lui-même chaque jour de la semaine. Elle éprouvait en quelque sorte le besoin de se faire pardonner. Mais elle saisit rapidement quels pouvaient être les avantages de ma méthode.

Comme d'habitude, je pénétrai dans la maison en envoyant à l'animal tous les signaux nécessaires pour qu'il comprenne que j'étais le chef de sa meute. Après avoir tenté vainement d'attirer mon attention, Derek s'en était allé de son côté et avait commencé à se distraire tout seul ; il avait trouvé dans la cuisine un jouet en caoutchouc qu'il s'amusait à mâchouiller. Ce n'est que quelques minutes plus tard que Georgie constata qu'il n'avait jamais agi ainsi auparavant. Je lui expliquai qu'il avait compris, d'après mon comportement, que j'étais son supérieur et qu'il ne lui était plus nécessaire de jouer au gardien. Elle devait le persuader à son tour qu'elle aussi était chef de meute.

Nous avons donc passé en revue les principaux points de ma méthode, nous concentrant principalement sur la technique d'apprentissage de la propreté destinée aux chiots. Je me souviens avoir donné un conseil précieux à Georgie : utiliser un détersif biologique plutôt qu'un désinfectant afin de nettoyer les déjections du chien. C'est le seul moyen de détruire les enzymes gras contenus dans les selles. Sinon, le chien reconnaîtra l'odeur et reviendra probablement au même endroit pour recommencer.

Georgie en avait vraiment assez de nettoyer les traces laissées par Derek. Mais, contrairement au pompier Tom et à sa femme, elle éprouvait de la difficulté à accepter ma méthode. Lorsque je la revis au studio de télévision, deux semaines plus tard, je compris rapidement qu'elle ne suivait pas mes conseils correctement. Derek, qui l'accompagnait, était visiblement inquiet ; histoire de se rassurer, il tentait de capter l'attention des gens qui s'affairaient autour plutôt que de fixer sa maîtresse du regard. Je ne pus par ailleurs m'empêcher de remarquer qu'elle gardait une paire de gants de caoutchouc dans sa loge. J'en conclus qu'elle n'agissait pas comme il le fallait. Si cela avait été le cas, Derek aurait tourné son attention vers elle.

Ce jour-là, en compagnie d'un autre animateur, nous avons discuté en ondes des problèmes de Georgie. Cette dernière admit que Derek avait accompli des progrès considérables : il n'était plus constamment sur ses talons et il avait perdu l'habitude de souiller la maison la nuit. Mais il en était autrement pendant le jour. Elle alla jusqu'à s'excuser de ne pas être une bonne mère pour Derek !

Par la suite, Georgie m'avoua qu'elle ne s'en tenait pas scrupuleusement à la règle des cinq minutes. Je me sentis donc obligée de lui rappeler qu'elle ne pouvait espérer régler le problème en se contentant de sermonner Derek juste avant de se mettre au lit.

Seul un changement complet d'attitude de sa part à l'égard de son chien et une modification de son propre style de vie pouvaient lui être salutaires. De toute évidence, elle n'avait pas encore compris le message.

Compte tenu qu'elle n'envoyait pas les signaux appropriés à Derek, je l'enjoignis de modifier la règle des cinq minutes et d'attendre quinze minutes avant de s'occuper de lui. Le temps supplémentaire était moins nécessaire à cause de la force de caractère de Derek qu'à cause de la faiblesse de Georgie, qui était incapable d'agir avec rigueur et, par conséquent, d'imposer son autorité de manière décisive. J'ai rencontré ce genre de situation à plusieurs reprises : Georgie était incapable de canaliser son affection dans une nouvelle direction.

D'après mon expérience, toutefois, quiconque est sincèrement désireux d'améliorer ses rapports avec son chien est en mesure de surmonter les difficultés que ma méthode peut soulever. Je suis heureuse de dire que ce fut finalement le cas de Georgie. Deux semaines après notre dernière rencontre, elle me fit parvenir un message m'informant que Derek était un animal transformé. Elle me disait qu'elle avait passé les quinze derniers jours à se répéter mon mantra. Elle avait décidé de faire preuve de calme et de constance envers Derek, avec comme résultat que ce dernier faisait désormais ses besoins au bon endroit. Il ne laissait plus de mauvaises surprises sur la moquette. Cette lettre me combla de joie, mais je fus encore plus satisfaite de voir la photo qui l'accompagnait. C'était un instantané de Derek, les gants de caoutchouc de sa maîtresse placés entre les pattes. Désormais inutiles, ils étaient devenus ses jouets préférés.

Chapitre 18

....

Comment résoudre les problèmes
liés à l'expansion de la meute

P ar un soir d'automne 1997, j'ai reçu un coup de fil d'un
homme prénommé Ernest. Celui-ci était sur le point de se
marier et la raison de son appel était qu'il avait un sérieux
problème, non pas à cause de sa future épouse ou des préparatifs du mariage, mais à cause de son chien. Ernest connaissait
la femme qu'il avait l'intention d'épouser depuis plus de trente
ans. Tous deux étaient veufs. Ils avaient fait connaissance par l'intermédiaire de leurs précédents conjoints. Ils avaient préservé
leurs liens d'amitié en dépit du fait qu'elle habitait dans le nord
de l'Angleterre et que lui vivait à présent en Irlande. Ils avaient

décidé de se marier et de s'installer dans une villa en construction.

Malheureusement, alors que tous deux envisageaient de faire vie commune, leurs chiens respectifs en avaient décidé autrement. Ernest s'était procuré, peu après le décès de sa première femme, un chiot femelle sans race définie du nom de Gypsy. Au cours des sept années qui ont suivi, Gypsy était devenue son idole absolue. De même, Enid éprouvait une affection profonde pour son chien, un labrador femelle de sang mêlé âgé de treize ans du nom de Kerry. Ernest avait commencé à rendre visite à Enid tous les mois et avait tenté de présenter Gypsy à Kerry, mais aucun des deux animaux ne pouvait supporter l'autre. Le couple avait même eu recours aux services d'un spécialiste du comportement animal qui leur avait remis un long rapport de cinq pages mais n'avait rien fait pour améliorer sérieusement les rapports entre les deux chiens. Ernest et Enid étaient désespérés.

Je leur donnai rendez-vous à tous les quatre au chenil d'un ami. Je les invitai tout d'abord à aller se balader. J'ai rapidement constaté que les deux chiens ne cessaient de s'observer l'un l'autre. En fait, Gypsy examinait davantage Kerry que l'inverse. De toute évidence, les rapports entre les deux étaient tendus.

Tous ceux qui font appel à mes services aiment suffisamment leur chien pour souhaiter lui venir en aide, quelles que soient ses difficultés. Ils ne se contentent pas de l'abandonner sous prétexte qu'il mord ou de le placer dans un foyer parce qu'ils n'arrivent plus à le dompter. Ernest et Enid étaient à ce point décidés à trouver une solution à leur problème qu'ils acceptèrent que je prenne les choses en main. Les complications venaient, dans ce cas, de ce que

Kerry s'était donné comme mission de protéger Enid, et Gypsy de protéger Ernest. Les deux chiens étaient persuadés d'être les chefs de leur meute respective. Ils se disputaient à présent ce poste à pourvoir au sein de la nouvelle meute, élargie, qui était en train de se constituer. Mon intention était de faire en sorte que les deux animaux trouvent dorénavant l'un auprès de l'autre présence et réconfort, qu'ils forment en quelque sorte leur propre meute. Il me faudrait ensuite m'assurer qu'ils se considèrent comme des subalternes, mais sur un pied d'égalité, au sein de cette meute.

Je demandai donc au couple de laisser les deux chiens au chenil, situé près de chez Enid. Nous les mîmes pour quelques jours dans des niches placées côte à côte. Ainsi privés temporairement de l'affection de leur maître respectif, ils avaient la possibilité de se tenir mutuellement compagnie. Le troisième jour, je leur rendis visite et les conduisis dans un vaste enclos d'exercice. Je voulais qu'ils puissent s'éloigner l'un de l'autre tout en restant dans le même encadrement. Tous deux avaient assez d'espace pour se sentir à l'aise.

Les deux chiens se laissèrent d'ailleurs beaucoup de place pour respirer, car ils étaient plutôt indifférents l'un à l'autre. Voilà qui me donna beaucoup d'espoir. Je fis la même expérience trois jours de suite. Le troisième jour, ils semblèrent manifester le désir de faire plus ample connaissance. Ils agitaient la queue et s'envoyaient mutuellement des messages indiquant leur désir de jouer l'un avec l'autre. C'était le signal que j'attendais pour les amener à l'étape suivante. Le lendemain, je les mis dans la même niche. Deux litières et deux gamelles les y attendaient. En fait, il s'agissait d'une grande niche double qui leur laissait suffisamment d'espace pour bouger et où ils pouvaient continuer de vivre indépendamment l'un de l'autre si tel était leur désir. Ce soir-là, mon amie propriétaire du chenil m'appela pour me dire qu'une des deux litières était de trop : ils avaient décidé de partager la même. J'en étais ravie !

Je résistai à la tentation d'apprendre la bonne nouvelle à Enid, car il n'y a rien de pire que de donner de faux espoirs à quelqu'un. Je décidai plutôt de passer à l'étape suivante. Nous laissâmes les deux chiens dans leur niche pendant une bonne semaine, le temps qu'ils s'habituent l'un à l'autre.

Ernest étant en Irlande, je demandai d'abord à Enid de venir faire un tour au chenil. Il importait à présent que les deux chiens soient relégués au second rang dans l'ordre hiérarchique. Il fallait leur faire comprendre qu'il était vain pour eux de se battre pour le rôle de chef de la nouvelle meute, ce poste étant déjà pris par leurs maîtres respectifs. Je demandai à Enid de ne leur prêter aucune attention lorsqu'elle les verrait. Je me doutais que Kerry voudrait s'égayer avec sa chère maîtresse et que Gypsy se sentirait alors abandonnée à elle-même. Je voulais que tous deux éprouvent un même sentiment d'abandon, de sorte qu'ils n'auraient d'autre ressource que de se tourner l'un vers l'autre. Enid et moi discutâmes une bonne demi-heure sans qu'elle manifeste le moindre signe d'affection envers les chiens : elle ne les caressa ni l'un ni l'autre et n'établit aucun contact visuel avec eux. Une telle attitude peut paraître cruelle, mais je voulais m'assurer que les chiens ne se sentiraient pas en compétition l'un avec l'autre lorsqu'ils étaient en présence d'Enid. Nous recommençâmes l'expérience à plusieurs reprises. À chaque fois, Enid se montrait un peu plus amicale envers les chiens, les caressant ou leur remettant une friandise, mais toujours impassiblement. Elle avait compris que calme et constance constituaient les clés du succès.

Lorsque Ernest rendit visite à Enid quelque temps après, je l'invitai à en faire autant, mais en restant seul avec les chiens. Lorsque Gypsy l'aperçut, elle devint tout excitée et se permit de grogner à plusieurs reprises devant Kerry. Si Ernest avait alors laissé éclater sa joie de la revoir, elle aurait même pu se montrer agressive à l'égard de Kerry, ce que nous voulions éviter à tout prix. Mais Ernest était déterminé et, même s'il trouva la chose difficile, il agit comme convenu. Au cours des deux jours que dura son séjour, nous répétâmes l'exercice, chaque fois avec succès.

Avant le départ d'Ernest, je suggérai au couple d'aller faire une promenade à cinq. Le grand jour arriva. Nous étions dans l'enclos d'exercice, heureux et détendus. Imaginez ma joie à l'idée que ces gens avaient placé leur confiance en moi dans l'espoir que j'accomplirais quelque chose qui était susceptible de leur rendre la vie plus agréable. Et voilà que le miracle se produisait !

Peu après, je fus invitée au mariage d'Ernest et d'Enid. Au cours de la réception qui avait suivi la cérémonie, quelle ne fut pas ma surprise de constater qu'on m'avait assise à la table d'honneur. Ernest commença son allocution en me remerciant pour tout ce que j'avais fait pour eux. Je me sentais pour le moins embarrassée. Ce n'est qu'alors que j'ai compris ce que ma méthode avait de bénéfique. Je n'ai jamais été autant remplie d'humilité de toute ma vie. Pour être réellement comblés, ils avaient besoin que leurs chiens adorés le soient aussi. Je ne m'étais pas rendu compte avant ce jour de toute l'importance que cela avait à leurs yeux.

Il avait été convenu que les deux chiens rejoindraient Ernest et Enid dans leur nouvelle demeure la semaine suivante. Ils m'appelèrent à quelques reprises, mais uniquement pour des détails sans importance. La nouvelle famille put s'installer sans problème. Mais, un mois plus tard, je reçus un appel d'Enid, qui paraissait au désespoir. Elle me raconta qu'ils étaient allés faire des courses en ville ce jour-là et que Kerry avait réussi à sortir de l'auto et à se sauver. Elle avait disparu au coin d'une rue. Ernest et Enid s'étaient rendus au poste de police le plus proche, avaient lancé un appel sur les ondes de la station de radio locale, placardé des affiches dans les rues, mais en vain. Ils étaient accablés, et j'étais triste pour eux.

Après dix jours de recherche, ils avaient pratiquement abandonné tout espoir de retrouver Kerry lorsqu'ils reçurent un coup de fil d'une personne qui avait trouvé un chien errant correspondant à la description de l'animal et l'avait emmené chez elle. Ils se rendirent sur les lieux, pour constater qu'il s'agissait bel et bien de Kerry. Ernest et Enid étaient certes heureux de revoir leur chien, mais ils furent encore plus émus lorsque Kerry passa devant eux et se précipita vers la voiture, où Gypsy les attendait. Lorsqu'ils ouvrirent la portière, celle-ci bondit à l'extérieur en gémissant et en s'ébattant de joie à la vue de sa vieille camarade. Chaque année, je reçois une carte de Noël signée « Ernest, Enid et les filles ». J'en éprouve chaque fois un sentiment de profonde satisfaction.

Chapitre 19

. . . .

Comment résoudre les problèmes qui surviennent à l'heure des repas

A priori, donner à manger à son chien devrait être l'une des choses les moins compliquées qui soient. Se nourrir représente après tout le besoin le plus fondamental de tous. Il s'agit simplement de placer un bol de nourriture par terre et de laisser l'animal apaiser sa faim, n'est-ce pas? Eh bien, tout dépend. Pourvu que certaines règles soient respectées, l'heure des repas ne devrait poser aucun problème. La difficulté vient de ce que ce sont les chiens qui ont l'habitude de dicter ces règles, comme j'ai souvent eu l'occasion de le remarquer. Or, c'est là le moyen le plus sûr d'aboutir à l'anarchie la plus complète.

De tous les chiens que j'ai eu à traiter, le plus intéressant fut certes un lhassa apso de onze mois du nom de Jamie. Adopté à l'âge de huit semaines, celui-ci a toujours fait la fine gueule. Les membres de sa famille d'adoption avaient même commencé à le faire manger dans leur main. Mais, un mois avant qu'on fasse appel à mes services, il n'absorbait pour ainsi dire plus aucune nourriture. Il refusait obstinément de manger ce que ses maîtres plaçaient devant lui. De plus en plus inquiets, ceux-ci n'avaient épargné aucune dépense pour tenter de le satisfaire : bifteck de premier choix, aliments pour chiens de luxe, etc. Ils ont même commandé des mets chinois dans l'espoir que ceux-ci réjouiraient le cœur de cet animal d'origine orientale ! En vain. Il avait maigri au point où ses côtes étaient devenues saillantes. Le plus frustrant, c'est qu'il rôdait sans fin autour de sa gamelle sans jamais y toucher. On avait emmené Jamie chez le vétérinaire, mais ce dernier n'avait rien détecté d'anormal. Il leur recommanda de prendre contact avec moi.

Comme je l'ai déjà expliqué, c'est au moment où j'étudiais le comportement des loups que j'ai découvert l'importance de la nourriture pour eux. Je me souviens très bien d'une scène que j'ai pu voir dans un documentaire. On apercevait dans le film un coyote en train de décrire des cercles autour des restes d'un orignal qu'une bande de loups avait abattu et dévoré. Les loups se reposaient après avoir mangé les trois quarts de l'animal. Mais la présence de cet intrus n'était guère appréciée et la femelle alpha se mit en frais de l'expulser. Ce qui s'ensuivit me fascina au plus haut point. Après avoir chassé le coyote, la femelle dominante revint vers la carcasse et, dans un geste presque rituel, en arracha un bout de chair. Le message à l'intention du coyote était on ne peut plus clair. C'est elle qui détenait le pouvoir de décider qui avait droit de manger et à quel moment. Elle confortait ainsi son leadership de la manière la plus tangible qu'on puisse imaginer.

J'ai pu observer un comportement similaire chez les chiens. Plus d'un propriétaire de chien m'a raconté en souriant que son chien se balade régulièrement avec un biscuit dans la gueule. Je suis persuadée qu'ils sont en partie déçus d'apprendre que leur chien n'agit pas parce qu'il a faim mais plutôt parce qu'il cherche ainsi à réaffirmer sa position en tant que principal dispensateur de nourriture dans la maisonnée.

Lorsque j'arrivai chez les propriétaires de Jamie, il m'apparut vite évident que son comportement était dû au fait qu'il avait le même type de certitude. Dès que je pénétrai dans la maison, j'ai pu observer les signaux habituels qu'envoie un chien qui se croit le maître des lieux. Il bondissait partout en aboyant frénétiquement, avec l'intention évidente de me remettre à ma place. Bien entendu, je ne lui prêtai aucune attention. Aussitôt que ses maîtres et moi fûmes assis, il sauta sur leurs cuisses afin d'assister à la réunion. Je ne fus nullement surprise de constater qu'un bol rempli de nourriture se trouvait dans un des coins de la cuisine. De même, je sourcillai à peine lorsque les propriétaires de Jamie m'affirmèrent que la gamelle en question restait en permanence à cet endroit et que son contenu était remplacé par de la nourriture fraîche au moins trois fois par jour. Il était évident pour moi que la nourriture avait une signification particulière dans l'esprit de Jamie. Mais, afin de bien m'en assurer, je me dirigeai vers son bol. À peine m'en étais-je approchée qu'il se rua sur moi en aboyant encore plus férocement.

J'expliquai à la famille ce qui se produisait. La raison pour laquelle le chiot refusait de manger le contenu de la gamelle n'avait rien à voir avec un quelconque manque d'appétit. Chaque chien réagit différemment lorsqu'il se sent dépassé par son rôle de chef de meute. En guise de réaction, Jamie avait décidé de faire une fixation sur la nourriture, qu'il considérait comme l'ultime symbole de son pouvoir. C'est la raison pour laquelle il surveillait son bol aussi étroitement qu'un gardien affecté à la surveillance d'un précieux trésor et mettait presque ses maîtres au défi de s'en emparer. À première vue, un tel comportement semble totalement irrationnel. L'animal se détruit lui-même en agissant de la sorte. Il ne fait d'ailleurs aucun doute dans mon esprit que ce pauvre chiot serait mort à force de jeûner. Mais au nom de quel critère un chien se comporterait-il selon la logique d'une espèce à laquelle il n'appartient pas ? Vues sous cet angle, les choses devinrent soudain compréhensibles aux yeux des propriétaires de l'animal. Dans quel but un leader dilapiderait-il les biens qui constituent les fondements de son pouvoir ?

La manière dont cette famille avait tenté de régler le problème était à l'opposé de ce qu'il fallait faire. Bien sûr, je comprenais les motifs de ces gens qui mettaient ainsi toute cette nourriture à la disposition de leur cher animal. Pour moi, leur décision de nourrir Jamie à la main avait plus que tout marqué le commencement de la fin. Pareil comportement a dû passer pour la pire des servilités aux yeux du chien. Cela n'aura fait qu'ajouter à sa conviction que sa meute était totalement dépendante de lui. Il me fallait à présent expliquer à ces gens qu'un changement de pouvoir au sein de la maisonnée était essentiel, notamment en ce qui avait trait au pouvoir de dispenser la nourriture. Je demandai à tous les membres de la famille de mettre en pratique les techniques habituelles. Je les exhortai également à concentrer leur attention sur l'heure des repas, en prenant bien soin de faire semblant de manger devant l'animal trois fois par jour. Mais si jamais Jamie délaissait sa gamelle, ils devaient la ramasser et ne la remettre en place que pour le repas suivant. Jamie n'avait donc pas le choix : ou il mangeait quand c'était l'heure, ou il devait se passer de nourriture.

L'estomac de Jamie s'était resserré au point où il ne pouvait manger que quelques bouchées de nourriture à la fois. En revanche, il aurait droit tout au long de sa rééducation à de nombreuses friandises en guise de récompense pour bonne conduite. Le premier jour, il mangea à peine, en partie à cause de l'état de faiblesse dans lequel il se trouvait, mais aussi parce que ses maîtres lui envoyaient des signaux auxquels il n'était pas habitué, même s'il les comprenait fort bien. Il lui fallait du temps pour réfléchir à ce qui se produisait. Le deuxième jour, il avait compris le message et se remit à manger. Il prit deux pleines bouchées lors de son premier repas, trois autres lors de son deuxième repas. Le soir, il avala son repas au complet, pour le plus grand plaisir de toute la famille. Dès le cinquième jour, il mangeait normalement ses trois repas par jour. Le jour de son premier anniversaire, il avait regagné son poids idéal et manifestait tous les signes d'un petit chien normal et parfaitement équilibré.

Les problèmes qu'a connus Jamie sont loin d'être chose rare chez les chiots. L'heure des repas constitue le moment où les chiens sont le plus susceptibles qu'en d'autres circonstances de recevoir des messages erronés. C'est pourquoi elle est un des éléments clés de ma méthode. Envoyer de mauvais signaux à ce moment-là peut avoir des conséquences désastreuses. Et plus un chien est jeune et impressionnable, plus le désastre risque de prendre des proportions considérables. Je ne suis pas surprise de voir que beaucoup de gens se méprennent à ce sujet. Il est vrai qu'il existe quantité de conseils ambigus, voire carrément dangereux, qui circulent à ce propos. Ainsi, j'ai entendu de prétendus experts affirmer qu'il est bon de retirer à un chien sa nourriture pendant qu'il mange. Au cours d'une émission télévisée qui avait été enregistrée dans un refuge pour animaux, j'ai pu voir des dresseurs conduire un chien tenu en laisse dans une pièce, installer celui-ci devant un bol de nourriture, puis tenter par tous les moyens de lui enlever sa gamelle pendant qu'il mangeait. Plus ils s'efforçaient d'interrompre son repas, plus l'animal grognait et tentait de les mordre. Il en est résulté qu'on a exterminé l'animal à cause de son comportement.

À mon avis, ces soi-disant spécialistes ont tué inutilement un chien. Comme je l'ai déjà expliqué, l'heure du repas est quelque chose de sacré chez les loups vivant dans la nature, où chaque animal mange à tour de rôle selon un ordre établi. Et rien ne doit venir interrompre son festin, faute de quoi il est, plus qu'en toute autre occasion, susceptible de se défendre. L'argument du refuge pour animaux, à savoir qu'un chien qui ne pouvait accepter qu'on lui retire sa nourriture était trop dangereux pour qu'on le confie en adoption, était injustifié. J'avoue que j'ai pleuré à la vue de ce que ces gens-là ont fait.

J'ai été à de nombreuses reprises témoin de ce type d'agressivité. Aucun animal n'a autant démontré que Mulder, un golden cocker, l'efficacité avec laquelle ma méthode est en mesure de régler ce problème. Mulder avait bon appétit. Son agressivité et l'ardent désir qu'il avait de se charger lui-même de se nourrir causaient un sérieux problème à sa famille d'adoption. Dès que l'heure du repas approchait, il se mettait à grogner. Pendant qu'Yvonne ouvrait à son intention une boîte de conserve, il devenait de plus en plus menaçant. Il avait même pris l'habitude de sauter et de mordre la main d'Yvonne au moment où elle déposait sa gamelle par terre. C'était un cas classique, si je puis dire, d'animal qui mord la main qui le nourrit. Pour Mulder, un mâle dominant, il était inconcevable d'être nourri par un subalterne. Lorsqu'un chien rapporte une bête morte à son maître, c'est qu'il cherche à renverser les rôles. Dans l'esprit de Mulder, les gestes d'Yvonne étaient malvenus dans la mesure où elle avait accès à la nourriture avant lui.

Ma tâche consistait à montrer à Yvonne comment maîtriser la situation, et c'est pourquoi je lui expliquai ma technique qui consiste à faire semblant de manger devant l'animal. Yvonne avait donné à son chien le nom de Mulder d'après le personnage de la série télévisée *Aux frontières du réel (The X Files)*. Je reste persuadée que son chien lui causait davantage de frayeurs que l'émission elle-même. Mulder la terrifiait à ce point qu'Yvonne en tremblait lorsqu'elle se rendit dans la cuisine. Elle finit néanmoins par retrouver ses moyens, mit un craquelin de côté pour elle-même puis vida le contenu d'une boîte de conserve dans le bol de Mulder et mit les deux côte à côte sur un comptoir. Au moment où Yvonne commença à manger son biscuit, l'expression du visage de Mulder se figea. Il parvenait difficilement à croire qu'elle ait pu avoir autant d'audace. J'insistai auprès d'elle pour qu'elle prenne son temps. Ce qu'elle fit, mâchant pendant une bonne minute devant son chien au regard toujours incrédule.

Ce n'est qu'après qu'elle eut ostensiblement montré à Mulder qu'elle avait terminé son repas qu'il eut droit au sien. Elle était si terrifiée qu'elle envisageait même de lancer la nourriture par terre. Histoire de la rassurer, je déposai moi-même la gamelle sur le sol sans dire un mot, puis je laissai l'animal se débrouiller tout seul. Faire semblant de manger devant un chien envoie à l'animal un des plus puissants messages qu'on puisse lui transmettre dans sa propre langue. Et ce message ne fut jamais aussi bien compris que par Mulder. Pour paraphraser le sous-titre de la série *Aux frontières du réel*, la vérité était là, devant ses yeux, et pas ailleurs. Yvonne n'avait tout simplement pas su où la chercher. Mais, après deux semaines de ce régime, elle pouvait préparer les repas de Mulder en toute quiétude. Il ne lui a plus jamais causé d'ennui depuis.

Chapitre 20

....

Comment résoudre les problèmes
liés aux promenades en voiture

D e nombreux chiens vivent un véritable enfer sur la banquette arrière d'une voiture. Dans le cadre de mon travail, j'ai connu un chien qui aboyait pendant les quatre heures que durait le trajet de trois cents kilomètres séparant le Lincolnshire de l'Écosse, et un autre qui tentait de passer par la fenêtre lorsque la voiture de son propriétaire roulait sur l'autoroute. Après maints échecs, plusieurs propriétaires renoncent tout simplement à voyager plus de quelques kilomètres en compagnie de leur chien apeuré.

Pourtant, si nous y réfléchissons, nous ne devrions pas être surpris de constater que les chiens sont anxieux en pareille situation. Sous tous les rapports ou presque, la voiture ne représente pour eux guère plus qu'une version concentrée de leur tanière où s'emmurent certains, voire tous les membres de leur meute. Or, de tous les angles arrivent vers ce terrier ambulant une infinité de sons et d'images dont ils ignorent la signification, qu'ils ne sont pas en mesure d'attraper et dont ils restent persuadés qu'ils sont sur le point d'attaquer leurs protégés. Qui ne serait pas paniqué devant une telle perspective ? Il est toutefois possible, selon moi, de dédramatiser la situation. Voici à cet effet deux cas qui montrent à quel point il est facile de transformer même les chiens les plus contrariés par les balades en voiture en passagers dociles et satisfaits.

Un couple avait tout essayé pour tenter de calmer Blackie, un chien né du croisement d'un labrador et d'un border collie dont ils étaient propriétaires et qui paniquait dès qu'ils le mettaient à l'arrière de la voiture. Ils avaient beau faire jouer la radio à tue-tête ou pester contre lui, rien n'y faisait. Chaque expédition virait au cauchemar, y compris la balade quotidienne – de moins d'un kilomètre – qui les conduisait tous jusqu'à la plage locale, où Blackie s'ébattait pourtant sans contrainte par la suite.

Lors de ma première visite, je passai environ une heure en leur compagnie en me comportant comme je le fais habituellement en pareil cas. Pendant que j'expliquais ma méthode, je bombardais Blackie des messages qui en constituent la base. Après avoir cessé de prêter attention à ses maîtres, l'animal vint vers moi naturellement. Lorsque les gens voient leur compagnon entrer ainsi en rapport avec moi, ils sont souvent inquiets. Ils se demandent si je ne suis pas en train d'accaparer l'affection de leur chien à leur détriment ou si je ne suis pas en train de les remplacer dans son cœur. La réalité, bien sûr, c'est que le chien vient de trouver un chef qu'il croit en mesure de veiller aux besoins de chacun des membres de la meute. Il s'agit d'une mutation qu'ils devront ensuite déclencher pour eux-mêmes. Et le meilleur moyen à ma disposition pour prouver l'efficacité de ma méthode, c'est encore pour moi de l'expérimenter sous leurs yeux. Leurs liens affectifs avec leur chien demeurent inchangés ; seul un changement de pouvoir survient.

Je jugeai bientôt que Blackie avait fait suffisamment de progrès pour que nous tentions une petite sortie en famille. Le couple se cala dans les sièges avant, cependant que Blackie prit place à l'arrière de la familiale. Je me suis pour ma part assise au milieu de la banquette arrière, entre le chien et ses maîtres. Contrairement à beaucoup de personnes qui laissent leur chien libre de se déplacer dans la voiture – ce qui est à mes yeux une erreur –, les propriétaires de Blackie avaient cantonné ce dernier à l'arrière du break, derrière une grille protectrice. Il avait une laisse que je tenais en main à travers les barreaux, de manière à maîtriser la situation.

Au moment où le moteur démarra, je restai aussi calme et détendue que possible. Lorsque nous avons commencé à rouler, je passai un bras à travers le grillage et le mis sur l'épaule de Blackie. Lorsque celui-ci fit mine de vouloir bouger, je me contentai d'accentuer légèrement la pression. Il se détendit aussitôt.

Nous roulâmes ainsi cinq ou six kilomètres, nous dirigeant délibérément vers le secteur le plus achalandé de la ville. Je souhaitais que Blackie soit confronté au plus grand nombre d'images et de sons — soit l'équivalent, dans son esprit, d'autant de menaces — que possible. Tout au long de la balade, je laissai ma main sur son épaule. Chaque fois que je percevais chez lui des signes d'inquiétude ou d'agitation, j'augmentais insensiblement la pression. La ligne de démarcation entre fermeté et détente reste ténue en pareille circonstance, comme on le comprendra aisément. Ceux qui ont de la difficulté à percevoir cette nuance n'ont qu'à s'imaginer en train d'immobiliser un enfant au moment de sa première visite chez le dentiste. Il s'agit d'un exercice difficile mais nécessaire. L'expérience sera moins traumatisante pour lui si on oblige le gamin à rester tranquille. Au moment de rentrer à la maison, j'avais à peine besoin de laisser mon bras en place. Pendant la dernière partie de la promenade, Blackie s'était contenté de rester assis et d'observer stoïquement les événements se dérouler sous ses yeux. Depuis, il voyage tous les jours sans problème dans la voiture.

Tout comme les humains, les chiens peuvent conserver les stigmates de leurs expériences passées. Ainsi, une personne qui a été impliquée dans un grave accident d'auto éprouvera par la suite des craintes en voiture. Les chiens ne sont pas différents, comme j'ai pu le constater le jour où on m'a demandé de m'occuper d'un cas particulièrement difficile. Un doberman avait été estropié à ce point qu'il avait fait la manchette d'un journal local. On l'avait retrouvé blessé et épuisé le long d'une autoroute. Cela peut sembler incroyable, mais il aurait été délibérément éjecté d'un véhicule en marche. Ses plaies étaient si atroces qu'on l'avait assigné aux soins intensifs. On avait même cru, à un moment donné, qu'il ne survivrait pas. Il récupéra toutefois lentement mais sûrement. Un couple qui habitait un petit village voisin finit par l'adopter. Mais ses nouveaux maîtres se rendirent vite compte que l'animal souffrait toujours d'un sérieux traumatisme psychologique.

Les dobermans ne sont pas des animaux particulièrement douillets ; or, la seule vue d'une automobile suffisait à le faire paniquer. Lorsque ses propriétaires avaient réussi à le faire entrer de force dans leur voiture, il avait uriné partout. Il aurait été trop facile d'exterminer ce chien qui semblait une cause perdue, tellement le choc qu'il avait subi était grave. Mais, encore une fois, j'avais affaire à des gens qui aimaient sincèrement leur compagnon et qui étaient prêts à faire tout pour garantir son bien-être.

Au cours de la journée que j'ai passée avec eux, je leur expliquai qu'ils auraient un long chemin à parcourir. Cet animal aurait besoin d'être grandement rassuré avant qu'il s'approche volontairement d'une voiture de nouveau. Heureusement, ils apprirent rapidement leurs leçons. Après environ deux semaines, ils avaient réussi à s'imposer à l'animal en tant que chefs de meute. Je leur demandai ensuite de faire un maximum d'activités ayant la voiture comme toile de fond.

Ils s'attelèrent à la tâche pendant un mois complet. Ils commencèrent par placer un bol de nourriture devant l'entrée du garage, la voiture étant bien en vue. L'objectif était de faire en sorte de débarrasser le chien de la connotation purement négative qu'avait tout véhicule dans son esprit. Je les invitai ensuite à rapprocher sa gamelle de plus en plus près de l'auto. Je mis encore une fois l'accent sur l'importance du calme et de la constance. Ils prirent le temps qu'il fallait, allant jusqu'à prendre leur repas du soir assis dans des chaises longues installées dans l'allée de garage afin de bien renforcer le message qu'ils voulaient transmettre. Leurs efforts finirent par porter fruit. Une nette amélioration se produisit le jour où ils le persuadèrent de manger son repas à l'arrière de la voiture à l'arrêt. À partir de là, ils l'invitèrent à aller chercher des jouets tant à l'intérieur qu'à l'extérieur de la voiture.

Les progrès étaient laborieux, mais les propriétaires étaient bien décidés à mener l'expérience à son terme. Bientôt, ils purent allumer le moteur pendant que l'animal mangeait à l'arrière de la voiture. Puis ils s'amusèrent à avancer et à reculer l'auto dans l'allée, toujours pendant qu'il prenait son repas à l'intérieur. Les blessures psychologiques de l'animal étaient si profondes qu'il leur fallut presque huit semaines avant de pouvoir circuler sur la route avec lui. Je suis toutefois heureuse de pouvoir dire aujourd'hui qu'ils se promènent en famille en toute liberté. Sa crainte des promenades en voiture est désormais chose du passé.

Chapitre 21

....

Comment traiter les chiens au comportement obsessionnel

es chiens ont tous un caractère différent. Comme les humains, certains chiens aiment s'amuser alors que d'autres sont plus posés ; certains sont extravertis, d'autres introvertis. C'est pourquoi les chiens réagissent différemment au stress qui accompagne la responsabilité d'être le chef de meute. Pendant que certains sont prêts à se bagarrer contre le monde entier, d'autres retournent leur agressivité contre eux-mêmes, de façon autodestructrice. Au fil des ans que j'ai passés à traiter les chiens difficiles, j'ai rencontré une variété de symptômes qui défient l'imagination.

J'ai connu des chiens qui paniquent au moindre bruit. La sonnerie du téléphone suffit à les faire détaler et se mettre à l'abri. Certains sont à ce point nerveux que je considère comme un exploit le fait qu'ils s'approchent à moins d'un mètre de moi quand j'en ai terminé avec eux. D'autres figent littéralement à la vue de quelqu'un en uniforme. En certaines occasions, des chiens vont jusqu'à se laisser choir sur le sol et à uriner dans cette position en guise de soumission. Et je reste persuadée que je découvrirai de nouvelles manifestations de ce problème tant que je continuerai d'exercer ce métier. La cause fondamentale de tels comportements demeure toutefois la même. Le chien est tout simplement dépassé par l'ampleur de ses responsabilités en tant que chef de meute. Sa nervosité et son comportement obsessionnel le trahissent.

Riby, un labrador à la robe noire âgé de quatre ans, avait développé la mauvaise habitude de se mordiller les pattes. Le tout avait commencé de façon bénigne, mais avait fini par se transformer en véritable obsession. Lorsque ses maîtres firent appel à moi, il avait atteint le stade où il se rongeait les pieds en permanence. Il s'agissait d'une manie pour le moins malsaine, car Riby avait à présent de vilaines plaies. Si cela devait continuer, de telles infections étaient susceptibles de dégénérer en gangrène, auquel cas il faudrait l'euthanasier. Ses maîtres, on l'imagine, cherchaient désespérément une solution. Ils avaient essayé divers traitements, y compris des sédatifs. Lorsque je leur rendis visite, Riby portait un carcan en plastique blanc qui formait autour de sa tête un entonnoir censé l'empêcher de porter ses pattes à sa gueule.

Riby affichait toute la panoplie des symptômes habituels. Tellement de gens s'imaginent qu'il est normal pour un chien de sauter dans les airs, de tirer sur sa laisse et d'assaillir leurs visiteurs ! Je puis vous assurer qu'il n'en est rien. Or, Riby agissait de cette façon lui aussi. Ce qui est encore plus éloquent, il avait pris l'habitude de s'étendre dans sa litière le matin. Il n'en sortait pas tant que ses maîtres ne le contraignaient pas à le faire. On eût dit qu'il menait grand train, ce qui indiquait bien que j'avais affaire à un chien qui se prenait pour le chef de sa meute.

Je commençai donc par recourir à ma méthode habituelle. Riby réagit convenablement. Je compris assez rapidement que j'avais devant moi un chien timoré qui était tout disposé à abandonner son rôle de leader à la première occasion. Après une heure et demie, je demandai à ses propriétaires de lui enlever son carcan. À peine cela fut-il fait qu'il se mit aussitôt à se ronger les pattes. Le problème de Riby était une variante de ce qui est considéré chez les êtres humains comme de l'automutilation. Il était important de montrer à Riby qu'il n'avait pas besoin d'agir ainsi et qu'il pouvait être récompensé s'il s'adonnait à d'autres activités.

Je me suis donc mise à genoux et l'ai fait venir à moi en lui offrant une friandise. Je lui ai alors protégé les pieds de ma main gauche, lui ai mis la main droite autour de la tête et lui ai caressé le menton, sans dire un mot. Je voulais que l'opération se déroule dans le calme et ne lui cause aucune tension. Je réussis à détourner son attention quelques instants, mais il recommença bientôt à se mordiller les pattes. Je fis de nouveau diversion en lui demandant de venir au pied et en lui donnant un peu de nourriture en guise de récompense. Il y eut de nouveau une association positive dans son esprit. Je continuai ainsi pendant un certain temps. Chaque fois que nous nous arrêtions et qu'il s'en prenait de nouveau à ses pattes, je recommençais mon manège sans le lâcher d'un pouce. Cela dura une vingtaine de minutes. Son comportement s'étant déjà grandement amélioré, j'allai prendre le thé avec ses maîtres dans la cuisine. Nous avons conversé, sans même penser à Riby. Ce n'est que quelques minutes plus tard que nous avons constaté que le chien s'était assoupi sur le parquet du salon. Il venait d'abandonner enfin son rôle de gardien de la maison et de décider enfin de se détendre un peu.

Comme c'était la première fois que j'assistais à un tel comportement, je demandai à la propriétaire de me tenir informée des progrès que l'animal accomplirait au cours des jours suivants. Elle dut m'appeler à une ou deux reprises au cours des semaines qui suivirent. À chaque occasion, son message était le même : les pattes de Riby étaient guéries et il menait de nouveau une vie normale. Par suite des quatre heures que nous avons passées ensemble, il ne s'est plus jamais rongé les pattes.

L'étude de la psychologie du chien aurait de quoi constituer un ouvrage – passablement volumineux, d'ailleurs – en soi. Je ne vais donc pas tenter d'analyser ici ce qui se passe dans la tête de ces animaux. Je dirai simplement que les chiens ont la capacité d'avoir des manies qui ne diffère pas de la nôtre. J'ai été témoin d'une foule de comportements tout aussi insolites et surprenants les uns que les autres au fil des ans. Ainsi, un berger allemand du nom de Rusty pouvait passer des heures à pourchasser sa propre queue. Comme ses propriétaires n'arrivaient pas à comprendre de quoi il retournait, ils firent appel à moi. Une fois sur place, je découvris un animal passablement équilibré mais qui, visiblement, montrait quelques signes manifestes d'autorité. Il sautait et grognait légèrement, mais pas de manière excessive.

J'aurais pu passer un bon bout de temps à rechercher les causes du problème, mais la chance me sourit ce jour-là. Pendant que je discutais avec les propriétaires de Rusty, leur fille de trois ans s'endormit. Rusty, qui était visiblement très attaché à la petite, s'étendit en boule près d'elle. La fillette ne dormit que très peu de temps. C'est au moment où elle se réveilla qu'un éclair jaillit dans mon esprit. En reprenant connaissance, elle dirigea instinctivement sa main vers la queue du chien, la saisit et se mit à s'amuser avec comme s'il s'agissait d'un jouet. Rusty se transforma aussitôt en derviche tourneur. Il se redressa sur ses pattes et se mit à tournoyer sur lui-même comme une toupie.

Ses propriétaires n'avaient jamais remarqué ce manège auparavant. Je leur expliquai alors que leur fille en était la cause. Comme je l'ai dit précédemment, il peut être difficile d'enseigner à un jeune enfant comment agir correctement avec un chien. Je demandai par conséquent aux parents de les séparer quand la gamine et le chien étaient sans surveillance. Je les invitai également à montrer à leur fille des jeux destinés à détourner son attention de la queue de l'animal. Ainsi, ils lui apprirent à lancer des jouets que le chien s'amusait à rapporter, de sorte que la fillette pouvait se focaliser sur la tête de l'animal plutôt que sur son arrière-train. Rusty perdit vite son habitude de tournoyer sur lui-même. Il était désormais libre d'aller chercher les jouets qu'on lui demandait de rapporter.

Chapitre 22

Conseils relatifs à l'adoption
de chiens abandonnés

Les refuges pour chiens sont devenus, pour beaucoup de gens, l'endroit idéal où trouver un animal de compagnie. L'idée de prendre avec soi un chien qui a souffert est séduisante à plus d'un point de vue. Il est réconfortant pour les amis des animaux de songer qu'ils peuvent donner à des chiens errants ou abandonnés un peu de l'affection qui leur a si cruellement fait défaut jusque-là. Certains s'imaginent qu'ils sauront, en l'adoptant, corriger un chien qui a mauvais caractère. Or, chaque chien rescapé présente une série de problèmes qui lui sont propres. D'après mon expérience, le comportement qui a incité un maître à abandonner son compagnon ou à le laisser dans un refuge se répète dans la plupart des cas. Malgré leurs bonnes intentions, les nouveaux propriétaires de l'animal sont alors vite dépassés par les événements. Ces chiens deviennent ainsi de véritables «yoyos» qui se promènent toute leur vie entre familles d'adoption et foyers d'accueil. Avec le temps, plus personne ne veut d'eux et on finit par les euthanasier. Le seul moyen d'éviter l'inéluctable consiste à bien comprendre la nature de leurs problèmes dans l'optique de leur procurer un foyer permanent où ils seront enfin heureux.

Il importe de préciser dès le départ que ce n'est pas de la faute du chien si celui-ci devient prisonnier d'un tel cercle vicieux. Dans 99,9 % des cas, le comportement de l'animal est le résultat d'erreurs dues essentiellement à la paresse ou à la stupidité, voire, malheureusement, à la cruauté des hommes. Les problèmes que présentent presque tous les chiens rescapés ont été accrus par la brutalité dont ils ont fait l'objet au cours de leur existence. Or, la violence ne peut qu'engendrer la violence. Paradoxalement, les chiens qui ont été confiés à un refuge parce qu'ils ont attaqué des humains n'ont fait que se défendre. Ils ont généralement été mis dans une situation où ils n'avaient pas la possibilité de fuir. Le principe de l'autodéfense est tout à fait admis dans notre société. Mais, dans le cas des chiens, quel que soit le fautif, ce sont toujours eux qui doivent assumer les conséquences de leurs actions.

J'ai pu voir de mes propres yeux les traumatismes que de mauvais traitements peuvent engendrer chez un chien le jour où j'ai adopté Barmie, ce petit compagnon qui m'a tant appris à l'époque où je mettais au point ma méthode de dressage. S'il y a une leçon fondamentale que j'ai apprise grâce à lui, c'est que le lien de confiance qui doit exister entre un chien et son maître est encore plus important dans de tels cas. Non sans raison, Barmie ne faisait confiance à aucun être humain. Comme tous les chiens rescapés, il se devait d'apprendre que les mains qui l'avaient fait souffrir pouvaient également lui procurer nourriture et affection.

Tout comme en matière de santé, il est de loin préférable de prévenir que de guérir. Au cours de la série d'émissions auxquelles j'ai participé, on m'a demandé un jour d'aider un maître à se préparer à accueillir un petit chien particulièrement perturbé. Brian, un de mes amis qui tenait un refuge pour animaux, avait accepté de prendre Tara, que ses propriétaires avaient prévu de faire piquer le lendemain. Son cas était rendu encore plus attendrissant du fait qu'elle était sur le point de mettre bas des petits qui allaient être sacrifiés avec elle. Brian l'avait aidée à accoucher et était disposé à présent à lui trouver un nouveau maître compatissant. Il avait trouvé le candidat idéal, une dame du nom d'Hilary qui aimait profondément les chiens et qui cherchait ardemment un animal de compagnie.

Comme c'est souvent le cas des chiens rescapés, nous ignorions pourquoi Tara avait été abandonnée. Au refuge pour animaux, elle avait eu un comportement exemplaire et semblait être un chien normal et bien équilibré. Je dis aux gens de ne pas s'inquiéter au sujet des antécédents d'un animal. Il est vrai qu'on ne peut effacer les traces du passé, mais, comme il est rare de pouvoir connaître le fin fond de l'histoire, il vaut mieux concentrer ses énergies sur l'avenir.

Hilary n'avait qu'une envie : faire tout ce qui était en son pouvoir pour aider ce pauvre animal. Elle avait notamment préparé un bol de nourriture à l'intention de Tara en guise de bienvenue. D'après mon expérience, il faut compter environ quinze jours avant que les choses tournent au vinaigre. C'est le temps que prend généralement un chien pour se transformer de gentil toutou paisible en un petit monstre complètement déconnecté de la réalité. Dans le cas de Tara, il fallut moins de temps que je ne l'aurais imaginé.

Au début, elle se contenta de fureter un peu partout. Hilary était à ce point désireuse de cajoler l'animal que je dus lui répéter sans arrêt de le laisser en paix. Après quelque temps, Tara vint d'elle-même trouver sa nouvelle maîtresse. Elle enfouit sa tête dans les mains d'Hilary. Et c'est là que cette dernière commit une grave erreur.

Instinctivement, Hilary caressa son nouveau compagnon. Il est vrai qu'elle n'attendait que le moment de tendre une main affectueuse en direction de Tara. C'était l'occasion que cette dernière attendait. Elle se mit aussitôt à bondir en tous sens. Elle est devenue complètement surexcitée, un peu comme si Hilary venait de tourner un commutateur dans la tête de l'animal. On eût dit que Tara était schizophrène et qu'il y avait deux chiens différents en elle. Il devint vite évident pourquoi elle s'était retrouvée dans un refuge pour animaux. Elle était passée d'un foyer d'adoption à un autre, ses maîtres successifs ayant été impuissants devant son tempérament nerveux. Comme conséquence d'un tel comportement, elle s'était condamnée à mener une existence de nomade.

Hilary était toutefois décidée à briser ce cercle vicieux et elle se mit donc en frais de comprendre les causes du problème. Je lui avais déjà exposé les grandes lignes de ma méthode. Pendant que nous observions Tara tourbillonner dans la maison, j'expliquai à

Hilary que son chien avait des problèmes plus sérieux que la moyenne à cause de ce qu'il avait subi dans le passé. Comme je l'ai déjà mentionné, un chien qui se croit obligé d'assumer le rôle de chef de meute peut devenir extrêmement angoissé. Dans le cas de chiens rescapés, la pression est encore plus forte parce que l'enjeu est encore plus considérable. Il suffit d'y réfléchir un instant pour bien comprendre ce qui se passe. Voici un chien qui cherche désespérément à s'intégrer à une meute. Or, chaque fois qu'il trouve un foyer d'accueil convenable, on lui confie la responsabilité d'en être le leader. Lorsque l'animal constate qu'il est impuissant à assumer cette responsabilité, il s'efforce encore davantage à plaire à son maître. Si ce dernier réagit avec violence ou colère, le comportement de l'animal devient encore plus excessif. J'ai vu un nombre incalculable de chiens rescapés sauter dans les airs, tirer sur leur laisse, aboyer et mordre ou s'agiter tout simplement. Ils sont franchement persuadés que c'est là ce que leurs subordonnés attendent d'eux. Il s'agit à plus d'un titre d'un cercle vicieux. La réaction des propriétaires ne fait généralement qu'inciter l'animal à être encore plus excité. Et bientôt celui-ci doit retourner au refuge d'où il était venu, sa réputation de chien caractériel étant renforcée par ce qui vient de se produire. L'effet yoyo persiste.

J'expliquai à Hilary qu'elle devait s'attaquer au nœud du problème plutôt que de chercher à en guérir les symptômes. Il fallait par conséquent montrer à Tara que son comportement actuel était inadmissible dans une maison. Hilary se devait donc de modifier les règles du jeu. Comme toujours, je lui fis comprendre l'importance pour elle d'exercer un leadership éclairé mais ferme. Je l'invitai à garder son calme et à ne pas tenir compte du petit manège de Tara. J'avais toutes les raisons de croire que, dans le passé, tous les propriétaires précédents de Tara avaient réagi en sens contraire. Chaque fois qu'Hilary semblait manifester des signes de faiblesse, je lui rappelai ce qui attendait Tara si nous rations notre coup.

Mais Tara finit par se calmer. Il y eut certes quelques inévitables tentatives de sa part pour nous entraîner dans son jeu. Ainsi, elle tenta d'établir un contact visuel avec Hilary, mais en vain. Au bout d'un moment, elle alla s'étendre sur le parquet. Une fois qu'elle se fut complètement détendue, je priai Hilary d'attendre cinq minutes. Lorsque ces cinq minutes furent écoulées, Hilary appela Tara en lui proposant une friandise. Tara ne comprit pas immédiatement le message et se remit à bondir en tous sens de nouveau. J'invitai de nouveau Hilary à s'éloigner et à feindre d'ignorer l'animal. Ce n'est que lorsque Tara se conforma parfaitement aux nouvelles règles du jeu qu'elle eut droit à sa récompense. Il était de notre responsabilité de lui montrer comment se comporter. En moins d'une demi-heure, Tara était un chien complètement transformé. Elle et Hilary sont devenues depuis des amies exceptionnelles. Le cercle vicieux venait d'être brisé : Tara avait cessé de jouer au yoyo.

Chapitre 23

....

Les vertus du jeu

J e m'en voudrais de donner l'impression que toutes mes idées
sont uniques ou que j'ai mis au point toute une série de techniques nouvelles que personne n'aurait découvertes avant
moi. Comme je l'ai mentionné au début de cet ouvrage, j'ai puisé
dans les théories behavioristes bon nombre de mes concepts
initiaux. Je me réjouis d'ailleurs quand je constate que certains des
éléments de ma méthode se retrouvent ailleurs. Et jamais je n'ai
été aussi agréablement surprise que le jour où, au printemps de
1998, j'ai été invitée à visiter les installations de dressage les plus
en vue et les plus impressionnantes du pays, à savoir l'école des
dresseurs de chiens de la police londonienne.

Je participai à une séance en compagnie d'un instructeur pré-nommé Eric, qui apprenait à un groupe de bergers allemands com-ment obliger des individus enfermés entre quatre murs à sortir de leur repaire. Certains éléments de cet enseignement étaient pour le moins intéressants. Ainsi, on montrait aux chiens à se tenir à au moins deux mètres d'une cible déterminée. Eric m'expliqua que c'était une simple question de survie ; si les chiens s'approchaient davantage, ils s'exposaient à recevoir des coups de pieds ou, pis encore, des coups de couteau.

Dans le cadre de cet exercice très intense, Eric fit quelque chose qui amena un sourire sur mes lèvres. Le but de la manœuvre était d'inciter les chiens à aboyer avec une telle vigueur que les indivi-dus interpellés de la sorte en étaient intimidés et éventuellement for-cés de se rendre. Le premier chien réussit sans difficulté à nous accu-ler dans un coin grâce à la seule violence de son expression. Une fois satisfait du comportement du chien, Eric porta la main au col de son blouson (les chiens avaient été dressés à réagir à tout mouvement du corps se situant au-dessous des épaules). Il en retira un objet par-faitement inoffensif, à savoir le jouet préféré de l'animal : une vieille balle de caoutchouc ! Lorsqu'il la lança par-dessus la tête du chien, le monstrueux animal se transforma soudain en un chérubin qui sau-tillait dans tous les sens. Le dresseur avait évidemment enseigné au chien à réagir ainsi dès le début de son apprentissage. Depuis, ce petit jeu était devenu un excellent moyen de signaler à l'animal qu'il avait accompli ce qu'on attendait de lui. Il s'agissait d'une forme de récom-pense que je reconnus aussitôt et qui a pour nom « récréation ».

Le jeu constitue sans doute le meilleur moyen d'apprendre tout en s'amusant : il n'y a pas de plus grand plaisir. Et c'est précisément parce qu'il tient une place si importante dans les rapports entre les hommes et les chiens que le jeu doit se dérouler de la bonne manière. Cela peut sembler ne poser aucun problème particulier, mais le fait que votre chien vous force à jouer avec lui peut avoir des conséquences catastrophiques. Qui, après s'être installé confortablement dans son fauteuil après une dure journée de travail, n'a pas un jour vu son chien surgir de nulle part et le regarder d'un air suppliant, son jouet préféré dans la gueule ? L'animal a envie de jouer, et pas plus tard que sur-le-champ. Bien qu'il soit difficile pour la plupart des maîtres de voir les choses sous cet angle, pareille situation comporte des pièges bien tangibles.

Il importe de considérer le problème selon deux perspectives différentes. Pour nous, lancer une balle à notre compagnon, c'est un simple jeu. Mais pour l'animal, il en va tout autrement. Le jouet qu'il récupère représente pour lui un objet précieux : au sein de sa meute, c'est en quelque sorte un trophée de chasse ou une récompense qu'il doit mériter. Les chiots d'une même portée se disputent continuellement pour la possession de différents objets. Et le vainqueur se pavane comme le fait tout athlète qui remporte une coupe ou un trophée.

Il s'agit, encore là, de mœurs propres aux loups. Dans la nature, la survie du groupe dépend de la capacité du leader d'être à la hauteur de sa charge. En conséquence, le mâle et la femelle du couple alpha doivent en permanence démontrer qu'ils sont dignes d'être les meneurs. Les chiens testent également le courage de leurs chefs en permanence, et l'heure de la récréation leur fournit l'occasion idéale de le faire. Si vous laissez croire à votre chien qu'il est celui des deux qui a le pouvoir sur les jouets (lire : « trophées de chasse »)

que vous lui lancez, il se fera des idées bien précises sur sa place au sein de votre meute. Il est donc impératif pour tout propriétaire de s'imposer comme le chef au cours de la récréation.

Les problèmes commencent lorsque celui-ci refuse de prendre part au jeu. Un peu comme lorsqu'un enfant fait une crise parce que ses parents ne veulent pas se plier à ses exigences, un chien peut avoir une mauvaise réaction si son maître n'acquiesce pas à ses désirs. J'ai connu des cas où certains chiens faisaient une scène tous les soirs à ce propos. Pareil comportement peut même dégénérer en gestes destructeurs et agressifs.

Voici quelques règles simples à appliquer. Le premier et le meilleur moyen d'avoir la situation bien en main est encore le plus simple. Il consiste à ne pas laisser traîner les jouets du chien un peu partout dans la maison. Je vous conseille toutefois de laisser un ou deux de ses jouets préférés à la disposition de votre chien. De cette façon, l'animal peut décider de s'amuser tout seul quand bon lui semble. Mais il est indispensable que les jouets que vous utilisez en sa compagnie soient rangés dans un endroit inaccessible pour lui. Ainsi, vous restez maître de la situation dès le départ. C'est vous et vous seul qui décidez de l'heure de la récréation et des jouets qui seront utilisés à cette fin. Quant au choix des jouets en question, il est laissé à votre entière discrétion. Je vous conseille simplement d'utiliser des jouets de taille convenable. Ainsi, les chiots peuvent s'étouffer avec des balles suffisamment petites pour pénétrer dans leur gueule et bloquer leurs voies respiratoires.

Quant au type de jeu lui-même, je vous déconseille fortement de vous livrer à des concours de tir à la corde avec votre chien, et ce pour deux raisons : la première étant que cela permet à l'animal de dicter les règles du jeu ; la seconde étant que celui-ci pourrait avoir l'impression d'être physiquement plus fort que son maître, ce qui présente un risque potentiel sérieux. Car le jour où il croira qu'il est plus puissant que vous, il commencera à remettra votre leadership en question.

J'utilise fréquemment l'heure de la récréation pour pratiquer et compléter certains des exercices qui constituent le fondement de ma méthode. Il importe de constamment rappeler à votre chien qu'il doit venir au pied sur simple appel de votre part. En m'éloignant de mes chiens lorsqu'ils me rapportent la balle que je leur ai lancée, je les oblige à venir à moi. Ils veulent que la partie continue. Mais ils savent que, pour qu'il en soit ainsi, la balle doit se retrouver dans mes mains. S'ils veulent continuer à jouer, ils doivent donc agir en conséquence.

J'ai été amenée à traiter de nombreux problèmes liés à cette question. Le cas le plus intéressant qui m'a été soumis à cet égard fut certes celui de Benji, un adorable « westie » *(west-highland white terrier)* qui souffrait d'un problème particulier. Sa maîtresse, Mavis, m'a un jour appelé pour me dire que Benji avait l'habitude de se comporter assez étrangement chaque fois qu'elle lui ramenait une nouvelle balle dotée d'un sifflet. Benji a toujours aimé l'heure de la récréation ; il aimait plus particulièrement jouer avec ce type de balles. Mais, à la vue d'une nouvelle balle, il était complètement transformé. J'ai d'ailleurs été témoin de sa réaction la première fois que j'ai rendu visite à Mavis. Il s'est étendu par terre, a placé sa tête contre le parquet et s'est mis à trembler de tous ses membres.

Je n'ai pas mis bien long à comprendre de quoi il retournait. Mavis m'avait raconté que Benji transperçait chaque jouet doté d'un sifflet dans les minutes qui suivaient le moment où elle le lui remettait. Mais celui-ci, plus volumineux, était demeuré intact pour la simple raison qu'il n'arrivait pas à planter ses crocs dedans. Les terriers sont généralement des chiens qui chassent les rats. Je soupçonnai que l'habitude qu'avait Benji de percer les balles de façon à ce qu'elles ne fassent plus de bruit avait un rapport avec cette aptitude particulière. Il avait en effet été impuissant à tuer le roi des rats que représentait cette balle géante. Et il en était terrorisé.

Je m'agenouillai près de Benji et, en m'assurant qu'il voyait bien ce que je faisais, je plantai un tournevis dans la balle. Il m'observa attentivement pendant que j'expulsais tout l'air de la balle afin qu'elle n'émette plus aucun son. Il eut alors une réaction incroyable. Dès l'instant où le bruit cessa, Benji saisit la balle entre ses mâchoires, la lança dans les airs et se mit à bondir avec elle à son tour. Ses oreilles étaient dressées, tout son corps était agité de nouveau, mais à cause de l'excitation, cette fois. Son ennemi mortel venait de trépasser. Lorsque je lui lançai la balle de nouveau, il se mit à courir en la tenant triomphalement dans sa gueule. Ce fut son jouet préféré pendant des mois.

Chapitre 24

....

Mon secret

Depuis le jour où j'ai commencé à élaborer les concepts développés dans cet ouvrage, j'ai acquis progressivement la conviction que les hommes et les chiens entretiennent des liens exceptionnels. Chaque fois que je lis, aussi bien dans le journal que dans une revue spécialisée, un article qui vient conforter mes positions, j'en acquiers la certitude que les formidables moyens de communication que j'utilise avec les chiens nous réconcilient en quelque sorte avec notre passé lointain.

Plus j'ai été amenée à traiter les problèmes les plus complexes et à côtoyer les races les plus diverses, plus mes idées se sont ordonnées pour donner la méthode que j'ai exposée dans les pages précédentes. Il s'agit en fait d'un processus en constante évolution, tout comme nos rapports avec les chiens. Certains me considèrent comme une experte dans mon domaine. Ce à quoi je réponds invariablement : le chien est le seul véritable expert ; je n'ai fait que développer ma capacité d'être à son écoute et je me sens à présent en mesure de partager avec d'autres ce que j'ai entendu.

Ce faisant, j'espère avoir aidé le plus grand nombre possible de personnes à apprendre à dresser leur compagnon et à vivre avec lui une relation empreinte de compassion. Il y a forcément eu des circonstances où mes efforts ont été vains. Il appartient, en dernier ressort, à chaque maître de mettre ou non en pratique les principes sur lesquels se fonde ma méthode. Il ne s'agit pas d'une simple solution rapide qu'on jette après usage, mais d'un véritable mode de vie. Heureusement, très peu de propriétaires ont été impuissants à saisir ce concept, car ce sont leurs chiens qui, les premiers, en ont payé le prix.

Mais, dans la très grande majorité des cas, mes conseils ont été utiles. Au fur et à mesure que ma méthode a gagné en notoriété, j'ai pu intervenir dans un nombre accru de situations critiques. À plusieurs reprises, on a fait appel à mes services au moment où, en vertu de la loi, certains chiens étaient sur le point d'être euthanasiés. Ce fut notamment le cas de Dylan, un akita.

Sa propriétaire, une représentante commerciale du nom d'Helen, devait se déplacer dans tous les coins du pays à cause de son travail. Chaque fois, elle emmenait Dylan avec elle. Celui-ci se considérait à la fois comme son protecteur et compagnon. Compte tenu de la puissance formidable des akitas, il assumait son rôle de gardien sans difficulté. Hélas! sa nature protectrice se révéla être par trop excessive.

Un jour qu'elle rangeait des courses dans le coffre de sa voiture, une de ses amies s'approcha d'elle. La portière de la voiture était restée ouverte. Dès qu'il vit la femme tendre la main à Helen, Dylan bondit sur elle et lui mordit la main. La femme dut être hospitalisée et sa blessure demanda plusieurs points de suture. L'attaque avait été à ce point grave que la police était intervenue. Helen et son chien furent poursuivis en justice et le sort de Dylan se retrouva entre les mains d'un juge.

Helen s'adressa à moi par l'intermédiaire de son avocat. Elle le fit pour deux raisons. Évidemment, elle espérait tout d'abord que je réussirais à sauver son chien. Mais elle souhaitait également connaître les raisons du comportement agressif de ce dernier. Les deux étaient bien sûr liés. Si elle était en mesure de résoudre l'énigme et de modifier le comportement de son chien, le juge pourrait être tenté de lui accorder une seconde chance.

Son incrédulité était perceptible lorsqu'elle m'appela la première fois. « Je ne comprends pas pourquoi il a agi ainsi, ne cessait-elle de répéter. Il est si adorable. » Comme d'habitude, Helen n'avait pas conscience des autres symptômes dont souffrait Dylan. Lorsque je lui demandai s'il la suivait partout dans la maison, s'il devenait excité quand elle recevait des visiteurs et s'il avait tendance à la surprotéger, elle me répondit dans chaque cas par l'affirmative.

Je prescrivis à Helen de suivre scrupuleusement mes instructions. Si elle se contentait d'appliquer ma méthode avec négligence, elle courait de grands risques, comme j'avais pu le vérifier dans le cas d'un autre akita qu'on m'avait également demandé de traiter. En dépit de mes requêtes, le propriétaire de ce dernier ne lui avait pas envoyé systématiquement les messages recommandés, avec comme conséquence que le comportement de l'animal ne s'améliora pas. Lorsqu'il fit de nouveau une victime, et même s'il n'y eut aucune décision de justice dans son cas, l'animal dut être euthanasié. Ses propriétaires en éprouvèrent un immense chagrin, comme on l'imagine.

Helen avait environ deux mois devant elle avant que la cour ne statue sur le sort de Dylan. Passé ce délai, je devais soumettre à la cour un rapport détaillé sur son cas. Il nous appartenait donc de modifier son comportement au cours de ce laps de temps.

Il était clair que Dylan était persuadé d'être le chef de sa meute. Comme à l'accoutumée, je me devais de traiter tous ses symptômes à la fois et de le destituer de son rôle en utilisant l'ensemble des signaux propres à ma méthode. Mais, dans son cas, je devais me concentrer sur les situations où Dylan croyait percevoir une menace, car c'est en pareille circonstance que l'agression était survenue. Mon seul espoir de lui sauver la vie, c'était de lui montrer comment réagir adéquatement en pareil cas.

Il était relativement aisé de comprendre pourquoi Dylan avait décidé d'assurer la protection de sa maîtresse. Chez eux, Helen et lui étaient littéralement inséparables. Son rôle était confirmé par le fait qu'elle lui permettait de se précipiter vers la porte, de tirer sur sa laisse et de quémander des câlins à sa guise. Dès le moment où Helen se mit à utiliser ma méthode, Dylan commença à la percevoir sous un jour différent et à se rendre compte que c'était elle qui, désormais, prenait les décisions et assumait le rôle de protectrice du foyer. Il n'était plus dans ses attributions à lui de veiller aux intérêts de la meute.

Environ une semaine avant que l'affaire ne se retrouve devant les tribunaux, je rédigeai mon rapport. J'étais d'avis que Dylan ne présentait plus aucune menace. Mon message au juge peut se résumer en ces termes : « La propriétaire de Dylan est consciente qu'elle envoyait des messages erronés à son chien ; elle connaît à présent la bonne procédure à suivre et fera désormais en sorte que son chien ne se retrouve plus dans ce genre de situation conflictuelle. » Le magistrat était bien entendu libre de ne pas tenir compte de mon opinion mais, selon moi, Dylan était guéri.

Je me sens toujours tenue de prendre la défense des chiens qu'on me confie. Parfois un peu trop, je l'avoue. À force de me demander comment Helen et Dylan allaient s'en tirer, j'en ai même perdu le sommeil. Le matin de l'audience, Helen me téléphona du tribunal. Elle était au bord des larmes et ne put que murmurer ces quelques mots avant d'éclater en sanglots : « Il est sauvé. »

Le juge avait pris dix minutes pour entendre la cause, puis avait rendu une ordonnance de surveillance à l'égard de Dylan. En d'autres termes, Helen pouvait garder son chien. À la seule condition qu'il ne récidive pas, tous deux pourraient continuer de vivre ensemble. J'ai eu l'occasion jusqu'à présent d'intervenir dans cinq cas similaires, et je suis ravie de pouvoir dire que, chaque fois, j'ai réussi à sauver la vie de l'animal.

Certains pensent que je suis trop optimiste, que j'ai trop souvent tendance à ne voir que le bon côté des choses et à considérer chaque expérience comme une occasion d'apprendre. Je ne le nie pas : je vois la vie comme un verre à moitié plein plutôt qu'à moitié vide. Paradoxalement, un jour que ma méthode s'est révélée particulièrement efficace dans des circonstances plutôt dramatiques survenues en 1998, j'ai été la dernière à estimer que cela avait été un événement heureux.

Par une chaude soirée d'été, j'avais décidé de faire une randonnée à la campagne avec ma meute. J'avais fait monter mes chiens dans la voiture et m'étais dirigée vers un petit coin magnifique où un sentier longeait un charmant petit ruisseau. Pendant que nous marchions tous ensemble, je ne pouvais m'empêcher de songer à quel point cette promenade était agréable. Le soleil couchant brillait de mille feux, les oiseaux gazouillaient dans les arbres et une brise légère venait me caresser doucement le visage. Mes chiens appréciaient également la balade ; ils couraient librement aux alentours et allaient se rafraîchir dans le ruisseau. Il faisait tout simplement bon vivre !

C'est à ce moment que notre excursion a viré au cauchemar. Mes chiens m'avaient quelque peu précédée comme ils le font souvent, ce qui était sans gravité dans la mesure où il me suffisait de les appeler pour les regrouper. Pendant un instant, je les perdis de vue à un tournant sur la droite, lorsque soudain j'entendis un cri. Tout en me précipitant vers le lieu d'où provenait la clameur, je faillis trébucher sur Molly, un de mes épagneuls, qui se tordait devant moi en gémissant et en agitant frénétiquement les mâchoires. En regardant plus loin, je vis également les autres chiens aboyer et bondir dans les airs comme des fous. Il me fallut à peine une seconde pour comprendre ce qui n'allait pas. Une rangée de ruches se trouvait devant nous. Des essaims d'abeilles étaient en train d'attaquer les chiens.

Pendant quelques instants, tout sembla se dérouler au ralenti. Pendant que je cherchais à reprendre mes esprits, je fus moi aussi prise pour cible. Ce fut l'une des expériences les plus traumatisantes de toute ma vie. Il m'est difficile d'expliquer la frayeur qui m'assaillait. Avec toutes ces abeilles qui virevoltaient autour de mon visage, j'étais incapable de voir devant moi. Leur bourdonnement emplissait mes oreilles, de même que les aboiements et les cris de douleur de mes chiens.

Je me dirigeai instinctivement vers la voiture, qui se trouvait à environ six cents mètres devant moi. J'avançais à grand-peine. Je tentai de fendre l'air de mes bras, mais en vain. Je commençai alors à donner des coups de cravache à l'aide des laisses qui pendaient autour de mon cou. Pour dire vrai, je n'avais pas conscience des piqûres dont ma tête, ma nuque et mes mains faisaient l'objet. Je me contentais de courir de toutes mes forces, trébuchant sans arrêt. Jamais une course de six cents mètres ne m'a paru si longue !

Je finis néanmoins par atteindre la voiture. Mes mains tremblaient à tel point qu'il me fallut une éternité pour insérer la clé dans la serrure. J'ouvris tout d'abord la porte du coffre et fis signe aux chiens de s'y engouffrer. Je m'installai ensuite au volant, mis le contact et ouvris les vitres et le toit ouvrant afin de permettre aux abeilles de s'échapper. Tous les chiens étaient montés à bord en une fraction de seconde. J'appuyai aussitôt de toutes mes forces sur l'accélérateur et démarrai en trombe. À mon grand étonnement, les abeilles restées à l'extérieur nous poursuivirent pendant plus d'un kilomètre sur la route étroite où nous nous trouvions. Mais, heureusement, nous parvînmes bientôt jusqu'à la route principale et les perdîmes de vue.

Je ne me souviens pas vraiment du voyage de retour. Une fois à la maison, je fis entrer les chiens à l'intérieur et commençai à les examiner. Barmie était celui qui avait été le moins affecté, peut-être parce qu'il est court sur pattes. Les deux épagneuls, Molly et Spike Milligan, avaient reçu diverses piqûres, mais de manière irrégulière, d'après ce que je pouvais en juger. Leurs oreilles flasques et velues avaient protégé leur visage, mais leurs babines avaient été rudement piquées, par contre. Paradoxalement, ce sont les plus gros et les plus forts de mes chiens, les bergers allemands, qui avaient été les plus touchés.

Le plus mal en point était Chaser, le rejeton de Sadie, âgé de six mois. Son œil droit était complètement fermé. Sa paupière tuméfiée était toute rouge. J'appelai aussitôt le vétérinaire, qui me conseilla de l'emmener immédiatement à la clinique. Les autres chiens étaient certes ébranlés, mais hors de danger. Je pouvais donc les laisser sans crainte à la maison pendant que je m'occupais du cas le plus sérieux.

À la clinique, un de nos vétérinaires habituels, Simon, s'occupa de nous. Il jeta un coup d'œil à Chaser et lui fit une injection d'antihistaminique avant de l'examiner de nouveau pour voir s'il avait d'autres piqûres. Une fois le traitement administré, je fus en mesure de me détendre pour la première fois depuis une heure. Ce n'est qu'à ce moment, alors que mon taux d'adrénaline commençait à diminuer, que j'ai pris conscience de la douleur lancinante que j'avais à la tête et des nombreuses piqûres que j'avais au visage, au cou et aux mains : je devais être affreuse à voir ! J'étais passablement affligée ; je venais certainement de vivre une des expériences les plus pénibles de toute mon existence. Je voudrais que plus jamais mes chiens ne se retrouvent dans une telle situation. Ce n'est que lorsque Simon s'enquit de ce qui s'était passé que je réalisai l'ampleur du drame qui nous était arrivé.

Simon, qui nous connaissait bien, mes chiens et moi, me demanda de lui expliquer ce qui venait de se produire. Lorsque je lui eus fait le récit des événements, il prit un air horrifié. « Combien de temps vous a-t-il fallu pour retrouver vos chiens et les réunir ? me demanda-t-il. Ils ont certainement dû s'éparpiller sur des kilomètres à la ronde. » Ce n'est qu'à ce moment que la pensée m'a traversé l'esprit que mes chiens étaient restés à mes côtés en dépit des souffrances qu'ils enduraient et de la confusion qui s'est installée au moment de notre mésaventure. Je ne m'en étais même pas rendu compte sur le coup. J'avais cru qu'ils seraient tous avec moi quand je leur ouvrirais la porte, et ce fut effectivement le cas.

Pendant que je roulais vers la maison, j'ai saisi la portée réelle de ce qui venait de se passer. Malgré le fait qu'ils courent plus vite que moi et qu'ils auraient pu aller dans n'importe quelle direction, et malgré le supplice qu'ils devaient endurer, ils avaient choisi de rester à mes côtés. Ils avaient confiance que je saurais les sortir sains et saufs de cette fâcheuse situation. Ils étaient la preuve vivante que ma méthode était efficace même dans les pires conditions imaginables. Une fois de retour chez moi ce soir-là, je me suis assise avec mes chiens sur le parquet et j'ai été aux petits soins pour eux durant toute l'heure du repas. Je suis restée assise là quelque temps après, à rire pendant que les larmes coulaient le long de mes joues.

L'un des aspects les plus intéressants de mon travail a sans doute été la façon dont il a permis à ma vie de prendre une tournure imprévue. Ainsi, à l'automne 1998, on m'a demandé d'agir à titre de chroniqueuse pour le compte de ma station de radio locale. Pendant quatre ans, les responsables de cette station m'avaient régulièrement invitée à participer à des tribunes téléphoniques; au cours de ces émissions, je répondais aux questions des auditeurs relativement à leurs chiens et à leurs comportements répréhensibles. Le directeur des programmes, qui semblait très satisfait de la réaction du public, me proposa donc une collaboration plus étroite. Mon premier reportage porta sur le Cruft's Show, la célèbre exposition canine dont je fis un compte rendu circonstancié; j'ai obtenu suffisamment de succès pour qu'on m'invite à faire un deuxième reportage. Je dois avouer que je suis restée bouche bée lorsqu'on me proposa d'interviewer nul autre que Monty Roberts lui-même.

À cette époque, par suite du succès de son livre, *The Man Who Listens to Horses*, Monty Roberts étaient devenu un personnage célèbre dans le monde entier. Le succès du film de Robert Redford, *The Horse Whisperer*[*], inspiré de la vie de Monty Roberts, n'avait fait qu'ajouter à la fascination exercée par sa méthode peu orthodoxe, quoique plus humaine, de dresser les chevaux. Monty était de retour en Angleterre et donnait une démonstration dans une petite ville environnante. Il avait accepté de s'adresser aux auditeurs de la station de radio pour laquelle je travaillais.

Depuis que j'avais fait sa connaissance voilà quelques années, j'avais vu Monty œuvrer auprès d'une vingtaine de chevaux. Chaque fois, j'en éprouvais encore plus de respect pour ce qu'il accomplissait. J'avais de plus en plus la certitude que cet homme était en mesure de communiquer avec d'autres espèces. N'étant pas une journaliste chevronnée, j'étais partagée entre la perspective agréable

---

[*] *L'homme qui murmurait à l'oreille des chevaux.* (N.D.T.)

de le revoir à l'œuvre et la crainte de devoir mener une entrevue avec lui. Je me rendis donc sur les lieux avec un mélange d'enthousiasme et d'appréhension.

Sur place, je rencontrai Kelly Marks, qui était sa principale collaboratrice en Angleterre. Je fus extrêmement flattée lorsque cette dernière, une ex-jockey qui était devenue une des plus chaudes partisanes de Monty, me confia qu'elle avait entendu parler de moi et de mes activités. Mais quelle ne fut pas ma surprise lorsqu'elle se tourna vers Monty et lui lança sur un ton enjoué : « Regarde qui est là : Jan Fennell ! » Monty était resté le même au fil des ans. Le chaleureux cow-boy aux allures peu ordinaires vint me trouver et me fit en souriant : « J'ai entendu dire que vous aviez adapté ma méthode au dressage des chiens. Comment avez-vous fait ? » Ce à quoi je répondis : « Je me suis tout simplement mise à leur écoute ! » Il a alors éclaté de rire.

Nous avons bavardé rapidement tout en nous préparant pour l'entrevue radiophonique, qui n'était pas la seule à son programme ce jour-là. Pour mon plus grand plaisir, Monty m'invita à rester à ses côtés pendant qu'il s'affairait à sélectionner les chevaux qu'il avait l'intention d'utiliser pour sa présentation. Ce serait un plus pour mon émission de radio et j'acceptai avec joie. À la fin de cet après-midi-là, Monty me demanda si j'avais l'intention de revenir pour assister à son spectacle. Lui ayant répondu que telle était mon intention, il me pria de lui rendre visite à ce moment-là. « Peut-être aurons-nous alors la possibilité de faire quelque chose ensemble », me fit-il au moment où nous nous sommes quittés.

Pour être honnête, ses propos n'éveillèrent en moi aucun écho. Ma priorité était de m'assurer que l'entrevue s'était bien déroulée et de rentrer chez moi afin de m'occuper de mes chiens, de me changer et de retourner à temps pour la soirée. Ce n'est que lorsque je revins sur les lieux et que je revis Kelly que je commençai à soupçonner que quelque chose se tramait. Les estrades commençaient à se remplir. Le pouvoir d'attraction de Monty était tel que le millier de places disponibles avait été réservé des semaines à l'avance. Kelly me demanda de la rejoindre au milieu de la piste, au centre de laquelle se trouvait l'enclos circulaire de Monty. J'avoue que je faisais tout pour être le plus discrète possible, mais je n'en étais pas moins fort mal à l'aise.

Le spectacle que donna Monty fut aussi fascinant qu'à l'accoutumée. Il fit deux démonstrations d'une demi-heure chacune ; au cours de la première, il parvint à seller un poulain qui n'avait pas encore été monté. Dans la seconde partie du spectacle, il s'attaqua à un cheval qui avait la mauvaise habitude de ruer. C'est au début de cette deuxième partie que je compris ce que Kelly et Monty avaient comploté. Lorsque Monty revint en piste, Kelly me fit pénétrer avec elle dans le fameux enclos circulaire. J'hésitai une seconde, mais Monty me sourit tout en me faisant signe d'entrer, m'exhortant comme il le ferait pour un mustang récalcitrant qu'il aurait entrepris de dresser. Avant même que je me rende compte de ce qui se passait, Kelly me présenta à l'assistance.

Elle fit une brève allocution au cours de laquelle elle expliqua que la méthode de Monty avait inspiré un certain nombre d'autres dresseurs. Au cours des années où il a fait connaître ses idées au grand public, il était resté sans cesse surpris par les résultats obtenus par ces personnes. Kelly reconnut que ni elle ni Monty n'avaient été aussi étonnés que le jour où ils ont pris connaissance de l'œuvre accomplie auprès des chiens par une certaine Anglaise. Je me suis dès lors mise à rougir et à me sentir dans l'embarras. Mais avant même que j'aie pu dire ouf, Kelly mettait fin à son allocution et me tendait le micro après avoir annoncé que j'allais expliquer moi-même ma méthode. Au début, mon cœur se mit à palpiter au point où je ne savais par où commencer. Mais je repris mes esprits et m'adressai à la foule compacte qui m'entourait. J'expliquai que ma rencontre avec Monty avait changé ma vie et qu'il était possible d'obtenir avec les chiens des résultats aussi remarquables que ceux qu'il obtenait avec les chevaux. Ce n'est que par la suite, quand il me sembla que les gens avaient compris mes explications, que je me rendis compte à quel point mes idées étaient parfaitement bien ordonnées dans ma tête.

Je n'ai gardé qu'une vague idée de mon intervention, à l'exception toutefois d'une image. Au moment où je rendis le micro à Kelly, j'entendis la vague d'applaudissements qui affluait de tous les côtés de l'arène. Je pivotai sur moi-même et constatai alors que Monty Roberts lui-même jouait les meneurs de claque. C'est lui qui, neuf années plus tôt, m'avait incitée à entreprendre ce périple incroyable. Sa conviction que les hommes et les animaux peuvent collaborer harmonieusement est à la base même de tout ce que j'ai moi-même tenté depuis à ce chapitre. Et voilà qu'il faisait savoir à tous qu'il cautionnait ce que j'avais réalisé. Ce fut pour moi un moment d'intense émotion que je n'oublierai jamais.

Remerciements

J'ai passé une bonne partie des vingt-cinq dernières années à mettre au point mes idées et à les transposer par écrit. Le processus qui a conduit au résultat dont vous venez de prendre connaissance a été lent, long et parfois pénible, croyez-moi. Mais, sans l'aide et le soutien d'un groupe de personnes qui me sont très chères, jamais mes projets n'auraient pu aboutir. Un des plus grands plaisirs que j'éprouve à la fin de ce livre, c'est de pouvoir les remercier du plus profond de mon cœur.

En premier lieu, j'aimerais rendre hommage à l'une des espèces animales les plus persécutées sur cette planète, à savoir le loup. Cette noble créature m'a énormément appris, non seulement en ce qui concerne le comportement des chiens, mais également en ce qui a trait aux défaillances de l'espèce humaine. Il est en effet paradoxal de constater que l'homme a presque exterminé cette espèce alors qu'il s'est pris d'un engouement irrésistible pour son descendant, le chien. Qu'il me soit d'ailleurs permis dès à présent de témoigner mon admiration aux chiens qui ont partagé ma vie et de qui j'ai également tant appris.

Pour ce qui est des humains, je voudrais tout d'abord remercier les premières personnes qui ont manifesté un intérêt pour mes idées, à savoir les responsables de la BBC Radio Humberside. Mes sincères remerciements à Maureen Snee, Blair Jacobs, Judi Murdon et Paul Teage, qui m'ont grandement aidée et encouragée. C'est grâce à mon travail à cette station de radio que j'ai pu ensuite participer à l'émission *Tonight* de la station Yorkshire Television. J'aimerais remercier tous les membres de l'équipe responsable de cette émission, en particulier le caméraman Charlie Flynn, dont j'ai d'abord aimé le professionnalisme mais dont j'apprécie aujourd'hui l'amitié. La tâche très certainement ingrate de réviser mon manuscrit est revenue à Monica Chakraverty, et j'aimerais saluer l'excellence de son travail. Je voudrais également remercier Andrea Henry et Fiona McIntosh pour leur précieuse collaboration.

C'est mon agent Mary Pachnos qui m'a introduite auprès de mes éditeurs. Tora Frost, Sally Riley et les autres membres de l'équipe de Gillon Aitken Associates de Londres ont très bien su appuyer Mary dans son travail. Sans elle, ce livre n'aurait jamais vu le jour. Sans sa curiosité, son jugement éclairé et son espièglerie qui m'ont permis de garder le cap en dépit des difficultés, jamais je ne serais arrivée au bout de mes peines.

Outre Mary, je dois beaucoup à trois hommes. Le premier est Glenn Miller, mon compagnon actuel, qui m'a manifesté avec une infinie patience son soutien intangible tout au long de la réalisation de cet ouvrage. Personne n'a été pour moi une plus grande source d'inspiration que Monty Roberts, car celui-ci a littéralement changé ma vie. Si je ne l'avais vu à l'œuvre il y a plus de dix ans, jamais je n'aurais découvert tout ce que j'ai appris. Depuis notre première rencontre, Monty, son précieux agent Jane Turnbull et sa tendre épouse Pat ont été avec moi d'une amabilité et d'une gentillesse auxquelles je ne me serais jamais attendue. Un grand merci à vous tous.

Enfin, je dois rendre hommage à mon fils Tony. Malgré des moments parfois difficiles, il a toujours été plus qu'un fils pour moi : il est mon plus fidèle ami et mon plus sûr allié. Il a été le premier à me persuader que je pouvais accomplir quelque chose de valable. Ses encouragements sont devenus pour moi comme un mantra que je me répétais sans cesse dans les moments les plus difficiles. Plus récemment, il a contribué à faire connaître mon œuvre à un plus large auditoire en me conseillant au fur et à mesure que je rédigeais ce livre. Ma vie n'aurait pas sa raison d'être sans Tony, à qui je dédie cet ouvrage.

Table des matières

Cet ouvrage a été achevé d'imprimer
au Canada en janvier 2002.